Wolfgang J. Bittner

Bist du es, Gott?

Reihe: Paráklesis –
Schriften zum geistlichen Leben in der Kirche
Band 7

Herausgegeben im Auftrag der
Evangelischen Communität und Geschwisterschaft Koinonia
von Barbara Schurig und Wolfgang Kubik
in Verbindung mit Wolfgang J. Bittner,
Gerlinde Breithaupt und Sabine Friebolin

Die Deutsche Bibliothek verzeichnet diese Publikation in der Deutschen Nationalbibliografie; detaillierte bibliografische Daten sind im Internet über http://dnb.ddb.de abrufbar

Bibelzitate wurden in der Regel der Bibel in der Übersetzung der Zürcher Bibel entnommen (© Verlag der Zürcher Bibel – TVZ Theologischer Verlag Zürich), manchmal, z. B. Psalm 23 und Psalm 73, auch der Übersetzung nach Martin Luther. Immer wieder aber stammen Übersetzungen bzw. Übertragungen vom Autor.

Umschlaggestaltung: spoon design, Olaf Johannson
Satz: David Neufeld, Schwarzenfeld
Herstellung: AALEXX Druck GmbH, Großburgwedel

ISBN 978-3-937896-44-1, Bestell-Nummer 588 644
(Eine frühere Ausgabe dieses Buches erschien in drei Auflagen im Ernst Franz Verlag, Metzingen)

www.neufeld-verlag.de

07 08 09 10 10 9 8 7 6 5 4

NEUFELD VERLAG

»Fahre hinaus auf die Höhe,
und werfet eure Netze
zum Fange aus.
...

Wir haben
die ganze Nacht
hindurch gearbeitet
und haben doch nichts gefangen.
...

Doch
auf dein Wort hin
will ich die Netze auswerfen.«
Lukas 5,5

Gewidmet dem,
der ausfährt,
der auswirft
und wartet auf IHN,
der die Netze füllt.

Wolfgang J. Bittner

Bist du es, Gott?

Liebe | Leid | Ungerechtigkeit

Biblische Steine auf dem Weg durch unsere Zeit

Neufeld Verlag

Inhalt

Vorwort

»Auf dein Wort hin will ich die Netze auswerfen«, so sagt Petrus. Und er handelt auch danach. Gott setzt in Bewegung. Wenn das nicht geschieht, dann bleibt sein Wort fruchtlos. Das wissen die biblischen Zeugen, das wissen wir aus der Kirchengeschichte, das erkennen wir vielleicht sogar im eigenen Leben.

Dass solche Bewegung aber sowohl äußere wie innere Kämpfe mit sich bringt, das braucht nicht verschwiegen zu werden. Gottes Wege scheinen uns oft unklar, werden plötzlich dunkel, spannungsgeladen, fremd. Fragen, die wir kaum laut zu stellen wagen, brechen in uns auf: »Bist du es, Gott? Liebe, Leid und Ungerechtigkeit in unserer Welt, im eigenen Leben. Wo bist du?« Es sind Fragen, die die Frauen und Männer der Bibel in großer Deutlichkeit stellen. Wenn wir uns ihnen zuwenden, dann vernehmen wir im biblischen Wort einen vielleicht überraschenden und zunächst fremden Klang. Dennoch ist es ein Klang zum Leben, zum Glauben, zur Erneuerung. Solch Fragen hilft dazu, neu zu hören, was uns hier gesagt ist.

Von solchem Hören wollen die Texte in diesem Buch Zeugnis geben. Die Verschiedenartigkeit – von der Meditation bis hin zur anspruchsvollen gedanklichen Arbeit und wieder zurück zur Meditation – kann zeigen, dass Hören auf ganz verschiedene Weise möglich ist. In allen Beiträgen wird versucht, den Herausforderungen der äußeren und inneren Fragen sowie des Denkens nicht auszuweichen. Dass Denken und Gebet, dass analytisches Fragen und Anbetung, dass argumentative Rede und Meditation in verdichteter Sprache keine Gegensätze sind, sondern gerade in ihrer spannungsvollen Zuordnung zur Einheit werden, das ist die Überzeugung, die alle Beiträge verbindet.

»Biblische Steine« sollen es sein. So sagt es der Untertitel des Buches. »Biblisch« – es sind Themen, die im Grundwort christlichen Glaubens vorkommen und je auf ihre Weise auf die Mitte von Gottes Handeln mit uns Menschen hinweisen. Darauf zu hören lohnt sich. »Steine« – es sind Steine, über die man stolpert: beim Lesen der

Bibel, beim Wahrnehmen von Wegführungen anderer Menschen, ja endlich im Schmerz eigenen Lebens. »Stolpersteine« also? Ja – und gleichzeitig nein! Aus Steinen sind sowohl der Tempel, in dem wir Gott begegnen, als auch die Häuser, in denen wir wohnen, erbaut. Gerade jene Steine, über die wir im eigenen Leben stolpern, werden uns zur Hilfe, Gott so zu sehen, wie er ist. Sie sind es gleichzeitig, die uns auf unser je eigenes Leben verweisen. »Steine«! Man muss wohl im Leben über sie stolpern, um glauben zu lernen und gerade so auch erfüllt leben zu können. Wer weiß?

Hinter der Veröffentlichung steht die Hoffnung, dass sich der Leser in seinen eigenen verborgenen Fragen ernst genommen sieht. Vielleicht darf es dann sein, dass ihm so auch die Freude des eigenen Lesens der Bibel und die Unmittelbarkeit des Gebetes erneuert wird. »Auf dein Wort hin ...« Anders geht es nicht.

Wolfgang J. Bittner

I. Die Frage nach dem Wagnis im Glauben

»Hinausfahren – und das Netz auswerfen« (Lukas 5,1–11)

»Fahre hinaus auf die Höhe, und werfet eure Netze zum Fang aus. Wir haben die ganze Nacht hindurch gearbeitet und nichts gefangen. Doch auf dein Wort will ich die Netze auswerfen. « Lukas 5,5

Es ist Morgen. Die Zeit des Fangens ist vorbei.
»Zu spät!« rufen wir einander zu.
Und: »Zeit ist es, die Netze zu flicken!«
»Morgen wieder hinaus – vielleicht!«
Doch – das haben wir bereits gestern gesagt.

Es ist Morgen. Die Chancen sind vertan!
Die Zeit reichen Fanges ist dahin.
Sie ist an mir vorübergegangen.
Jetzt fängt man nichts mehr.
Illusionen zerbrechen.
Realität holt mich ein.
Ich habe gewartet, habe ausgehalten,
habe gehofft.
Es ist vorbei.

Es ist Morgen:
Zeit, sich abzufinden mit dem, was da ist.
Es ist Zeit, die Netze zu flicken. Geräte des Normalen.
Auch wenn wir nicht viel mit ihnen fangen,
auch wenn sie oftmals leer bleiben,
sie müssen bereit sein, einsatzfähig.
Dafür zu sorgen, ist unsere Pflicht.

Das ist nicht nichts!
Dies Netz zu flicken,
ich bejahe es als Ziel.
Es soll brauchbar bleiben,
nicht auch noch verderben.

Das ist Realismus:
Im Normalen bleiben,
nicht mehr darüber hinaus wollen,
bescheiden werden und Grenzen akzeptieren!
Man kann nie alles haben!
Ich habe ja gesagt zum Beruf,
zur Lage meines Lebens.
Es gilt, dies Ja erneut zu ergreifen.
Durchhaltenl

Und doch:
Die ganze Nacht hindurch hab‘ ich gearbeitet!
Augen brennen vom gespannten Blick in den See.
Die ganze Nacht!
Nächte!

Wer weiß um diese Nächte,
in denen ich gehofft habe,
Ausschau gehalten,
gewartet?

Habe ich nicht alles versucht, was mir möglich war?
Ich habe mich doch an die Erfahrung anderer gehalten,
an meine Erziehung, an die Maßstäbe,
die für alle in Geltung stehen.
Ich habe mich eingeordnet in das, was normal ist.
Es schien auch mir richtig, mir angemessen.
Wer weiß um diese Nächte?

Wer weiß erst um die Nächte, in denen ich geträumt habe?
Wer weiß um die Stunden, die Tage und Wochen
und um alle die Jahre, in denen es geträumt hat in mir?
Weiß ich denn selbst noch davon?
Ich wusste, was mir angemessen ist,
wozu ich da bin.
Ich wusste um das, worauf ich zu warten habe.
Ich habe gewartet.
Es hat gewartet in mir.
Nichts gefangen!

Nichts?
War das wirklich nichts?
O doch, eine Handvoll Fische haben wir an Land gezogen.
Das scheint mir nicht nichts. Ich konnte bescheiden bleiben.
Meinen Blick hab' ich nicht mehr auf den großen Fang gerichtet.
Ich sah auf die kleinen Ergebnisse, die es dennoch gab.
Ich wurde dankbar für Weniges, als sei es viel.

Dankbar?
Oder eher:
Abgefunden,
sich abfinden,
sich abfinden wollen,
sich bescheiden,
zufrieden sein,
dankbar sein,
alles Gute aufzählen,
bleiben, ja sagen,
Ja ...

Nichts!
Nichts gefangen!
Es hat mich eingeholt.
Es schreit in mir: Das alles war nichts.
Mein Leben war entworfen zu anderem.

Nun schreit es an gegen dies Nichts:
Kleinigkeiten entgegennehmen
und dann leere Netze flicken,
und das tagaus und tagein. Mögen andere zufrieden sein!
In mir schreit es: Das ist nichts!
Nichts hab' ich gefangen.

Auswerfen!
Das Netz noch einmal auswerfen.
Es noch einmal versuchen,
ganz von vorne.
Das wäre es!

Auswerfen?
Noch einmal?
Vor allen anderen?
Gegen alle Erfahrung?
Gegen alle Beruhigung?
Gegen alle Gewohnheit?
Gegen alle Bescheidenheit?
Gegen den Vorwurf,
bloß hochmütig zu sein?
Gegen alle Stimmen von außen?
Gegen alle Stimmen von innen?
Nein: nicht gegen alle!
Aber es sind viele!

Mitten in diesen Stimmen:
Wer bin ich eigentlich selbst?
Wer bin ich – auf dein Wort hin?
Warum bist du nicht gekommen, als ich allein war?
Ein Versuch ohne Blamage wäre möglich gewesen.
Hättest du es doch selbst vorgemacht!
Dann wäre es für mich einfacher.

Würdest du Sicherheit anbieten!
Doch so?

Warum bist du mit deinem Ruf
nicht zur rechten Zeit gekommen?
Warum hast du nicht *damals* gerufen,
gewehrt und bewahrt,
damals, als es noch Zeit dafür war?
Damals wäre es möglich gewesen!
Jetzt geht es nicht mehr.

Dennoch immer wieder:
Wer bin ich eigentlich selbst?
Wer bin ich – auf dein Wort hin?

Auswerfen?
Ohne zu zögern
würd' ich es tun,
wär' ich alleine,
wäre ich frei!
Aber ich bin's nicht.
Was für mich richtig ist,
das muss es für andere nicht sein.
Ihnen darf ich mein Handeln nicht zumuten.
Ich darf sie nicht stören.
Ich würde zerstören,
würde doch bloß ...
bloß an mich denken.
Ich würde ...

Auswerfen – die Netze?
Was feste Gewohnheit war – das widerspricht.
Was als bewährte Erfahrung gilt – das widerspricht.
Was Menschen von mir erwarten – das widerspricht.
Was mich Erziehung lehrte – das widerspricht.
Tradition, die ich bejahe – sie widerspricht.
Alles widerspricht!
Alles!
Alles?

Und das eigene Herz?
Eine schwache Stimme,
im Widerstreit gegen starke Stimmen.
Stimmen von außen,
Stimmen von innen.
Nicht unterscheidbar.
Eine leise Stimme:
Wenn er doch recht hätte.

Wenn er doch recht hätte!
Gegen jenes »Zuspät«: Wenn er doch recht hätte!
Gegen Angst vor Schande: Wenn er doch recht hätte!
Gegen die Hoffnungslosigkeit: Wenn er doch recht hätte!
Gegen feste Gewohnheit und Erfahrung: Wenn er doch recht hätte!
Gegen meine moralisch-religiöse Erziehung:
Wenn er doch recht hätte!
Gegen die Menschen, mit denen mein Leben verwoben ist:
Wenn er doch …
Wenn er doch recht hätte!

Was steht dagegen?
Mein eigenes Herz – das ist zu wenig!
Mein Wünschen, mein Sehnen und Entdecken – das ist zu wenig!
Meine Erfahrungen, die Fragen und Träume und Hoffnungen?
Sie sind zu wenig!

Was steht dagegen?
Nichts als dein leises Wort: Fahre hinaus ...

Das muss genügen.
Das genügt.

Weil DU es sagst, werfe ich die Netze aus.
Ich fahre – auf dein Wort hin.
Mehr gibt es nicht!

* * *

Meditation als stammelnde Rede
in einer stammelnden Zeit!
Können wir im Glauben so reden?
Müssen wir es nicht gar?

Ich denke hier an die vielen persönlichen Umbrüche in unserer Zeit großen und vielfältigen Umbruchs. Was werden sie bringen? Uns allen? Unserer Welt?
Ausfahrten – auf sein Wort hin!
Mehr gibt es wohl nicht!

II. Die Frage nach dem Vater, dem Gott der Liebe

»Sohn – nicht Knecht« (Lukas 15,25–32; Römer 8,15)

In wie vielen Familien mag es so zugehen: zu Hause wird nur noch gearbeitet. Man ist willkommen zu Hause, wenn man etwas arbeitet! Man sieht es in vielen Familien – aber es ist auch ein Bild dafür, wie wir in unseren Gemeinden zusammenleben und uns darin erfahren: Ich bin willkommen – wenn ich etwas »arbeite«.

Sagt der Apostel Paulus nicht das Gegenteil? Im Brief an die Römer fasst er das eindrücklich zusammen. »Gott hat uns seinen Geist gegeben.« Gott selbst mit seiner Kraft ist in der Gemeinschaft der Menschen, die für ihn da sind, gegenwärtig – und man merkt diesen Menschen an, dass Gott selbst anwesend ist. Aber – und nun formuliere ich frei: Gott gibt keinen »Geist der Arbeit« [Paulus sagt: keinen Geist der Sklaverei], der uns ständig in Angst versetzt, es sei am Ende eben doch nicht genug, was wir leisten! Was aber gibt uns Gott dann? Paulus: Einen Geist der Sohnschaft. Ich formuliere frei: Es ist Gottes Kraft, die bewirkt, dass wir uns im Vaterhaus ganz einfach hinsetzen dürfen, ohne Arbeit bei ihm zu Hause sind, die Liebe des Vaters genießen und sagen können: »Abba – was bist du für ein guter Vater!« (Römer 8,15).

Das Gleichnis, das Jesus erzählt, greift genau dieses Problem auf. Wir kennen es als »Gleichnis vom verlorenen Sohn«. Merkwürdig ist, dass wir in der Regel den ersten Teil gut kennen, eben jenen verlorenen Sohn, der unter die Schweine gerät und dann umkehrt und zu Hause jubelnd empfangen wird. Warum kennen wir denn den zweiten Teil nicht ebenso gut – die Not des älteren Sohnes?

1. Wer ist eigentlich dieser ältere Sohn?

Das lässt sich aus der Schilderung des Gleichnisses gut ablesen. Er ist treu, er arbeitet – und es ist eigentlich unerhört, wie er einfach immer »da« ist. Er fällt nicht auf, erledigt seine Arbeit. Man kann sogar fragen: Wenn er nicht so hingebungsvoll gearbeitet hätte, würde dann das Hauswesen des Vaters derart intakt sein und blühen?

So ist der ältere Sohn ein Bild der treuen Mitarbeiter, die unsere Gemeinden mit ihrem Einsatz, ihrer Zeit, ihrer Kraft, ihrem Gebet, ihrer Treue tragen. Jesus kennt auch das Lob der treuen Mitarbeiter. Ohne sie wären unsere Gemeinden undenkbar, wäre Gemeindebau unmöglich.

Natürlich sind die »verlorenen Söhne« auffälliger. Es macht Eindruck, ja, es taugt sogar für Schlagzeilen, wenn solch ein Mensch umkehrt. Die »älteren Söhne«, die ihren Dienst treu versehen, kommen nicht in die Schlagzeilen – höchstens in die Gratulationenliste, wenn sie 85 oder 90 Jahre alt sind. Und doch wissen wir alle, dass man nur mit ihnen Gemeinde bauen kann, dass unsere Kirchen und Gemeinschaften von der Treue dieser Menschen leben.

Wenn wir jedoch tief in dieses Gleichnis hinein hören, dann erfahren wir, dass dieser ältere Sohn auf andere Weise gefährdet ist, vielleicht tiefer noch als der jüngere Sohn. Jener hatte den Vater bewusst verlassen – und nun ist er zurückgekehrt, hat seinen Vater wiedergefunden. Der ältere Sohn hat ihn nie verlassen. Und doch scheint es, er habe ihn als Vater noch nie wirklich gefunden.

2. Worin besteht die Not des älteren Sohnes?

Man sieht leicht, dass in der Beziehung dieses Sohnes zu seinem Vater etwas nicht in Ordnung ist. Aber was ist es?

Der Bibeltext nennt zunächst hellsichtig das Zeichen, an dem man dies erkennen kann. Der ältere Sohn hört die Festfreude – und wird zornig. Es muss ein Schrei sein, von dem er bisher vielleicht noch gar nichts gewusst hat. Ich könnte mir gut denken, dass er noch wenige Tage zuvor gesagt hätte, das Verhältnis zu seinem Vater sei ganz in Ordnung, es sei ihm rundum wohl, es fehle ihm an gar nichts. Aber plötzlich macht sich ein Schrei aus seinem Herzen heraus Luft. Ein Zorn, der schon lange in ihm gewesen ist und ihn geprägt hat, kommt an die Oberfläche.

Achtung: Dieser Zorn ist eigentlich so etwas wie ein Jubelruf! Verstehen wir das doch recht: Wo in einem Herzen noch etwas weh tut und sich lautstark äußert, sei es wenigstens noch in der Form des Zornes, da lebt noch etwas. Da besteht noch Hoffnung auf Erneuerung. Darum können wir uns über solchen Zorn freuen. Der Mann merkt, dass etwas nicht in Ordnung ist. Er lässt das an die Oberfläche kommen, verdrängt es nicht weiter. Zorn ist Zeichen eines verletzten Herzens, das nach Heilung ruft!

Wenn solcher Zorn unter uns nur viel mehr an die Oberfläche käme! Ich sage es zugespitzt: Ich wünsche mir »zornige« Christen, ich wünsche mir eine »zornige« Gemeinde, damit etwas in Bewegung kommt und solche Nöte nicht weiter verdrängt werden, sondern wirklich heil werden können. Beim Zorn sollen wir nicht stehenbleiben. Er soll aber an die Oberfläche kommen als Zeichen, als Anstoß dafür, dass wir selbst uns endlich bewegen und etwas »tun« müssen.

Wenn nun der Zorn das Zeichen für die Not dieses Menschen ist, worin besteht denn diese Not?

Eigentlich lässt Jesus das in seiner Geschichte den älteren Sohn sehr deutlich sagen. Als der jüngere Sohn heimkommt, da wird der Halunke gefeiert wie ein Held. Und er, der treue Mitarbeiter, der all die Jahre immer da war, mit dessen Mitarbeit alle ganz selbstverständlich rechnen konnten, er steht einfach draußen. Niemand hat ihn vom Feld geholt, niemand hat es für nötig gehalten, ihn zu informieren, ihn in den Kreis der Feiernden einzuladen. Er muss sich erst noch erkundigen, was da eigentlich los ist. Sieht man nicht daran deutlich genug, wie wenig er wertgeachtet ist?

Aber die Not liegt noch tiefer. Sie wird erst in der Antwort, ja, der Anklage, die der Sohn gegen den Vater erhebt, deutlich. Er vergleicht sein Handeln, seinen jahrelangen und treuen Einsatz, mit dem, was er dafür von seinem Vater erhalten – ja, gerade nicht erhalten hat. Und nun setzt er es in Beziehung zu dem ganz anderen Handeln des Vaters am jüngeren Bruder. Man muss sorgfältig hineinhören, was da geschieht: *»Ich habe ...«* – und nun wird die wirklich großartige Treue aufgezählt – *»... und du hast* mir nicht einmal...« »Er hat ...« – und wieder wird aufgezählt, doch nun all das Negative im Leben des Bruders. »*... und du hast ...*« Nun sage man ja nicht vorschnell, jener ältere Sohn würde in der Verletztheit des eigenen Herzens ungerecht urteilen, würde bei sich nur das Positive, beim Bruder nur das Negative sehen. Gerade das, so macht uns Jesus mit diesem Gleichnis klar, stimmt wirklich! Positive und negative Seiten sind, zumindest bei diesem Brüderpaar, wirklich so verteilt!

Doch gerade darum wird nun das Empfinden, dass in dieser Beziehung zwischen Vater und Sohn, zwischen Gott und den Menschen, seinen Gemeinden, etwas nicht in Ordnung ist, noch viel stärker. Was aber ist es? Jenes Wort des Apostels Paulus kann uns jetzt weiterhelfen: »Wir haben von Gott seinen Geist erhalten. Gott in seiner Kraft ist selbst unter uns. Aber er macht uns nicht zu Sklaven, nicht zu Lohnknechten, sondern zu freien Söhnen eines freien Vaters.« Nun mag es uns deutlich werden: Der ältere Sohn lebt im Hause des Vaters – aber er lebt und arbeitet darin als Knecht. Er ist getrieben von einem »Geist des Knechtseins«. Er fragt nach dem Lohn, der ihm für seine Arbeit wird. Er ist verletzt davon, dass ihm dieser »gerechte Lohn« versagt worden ist. Ja, angesichts des Festes, das der Vater für den jüngeren Sohn ausrichtet, wird ihm schlagartig klar, dass er nicht genügend bezahlt wird. *Sohn sein – aber als Knecht leben,* das zeigt sich hier als Hauptproblem. Und wenn wir in unsere Herzen sehen, in die Situation so vieler Mitarbeiter in unseren Gemeinden: Ist es da so viel anders? Knechtische Söhne! So oft verspüren wir ja etwas von dieser Not, ja, manchmal wird sie uns in der Seelsorge zugetragen. Und wohl dem, der in sich selbst etwas davon verspürt, etwas von dieser Gottes-Sklaven-Not! Doch wie gehen wir damit um? – Vielleicht ist es gut, wenn wir diese Frage zunächst umkehren und danach fragen, wie man gerade nicht damit umgehen sollte; erst dann können wir die Antwort des Vaters im Gleichnis in ihrer unerhörten Fremdheit verstehen.

3. Wie hilft man diesem älteren Sohn nicht?

Die Art, wie der Vater mit der Not des älteren Sohnes umgeht, müsste uns tief schockieren. Da wir das Gleichnis so gut kennen, fällt uns das in der Regel nicht mehr auf. Wir müssen es aber sehen lernen, wie fremd, wie unerwartet, ja, wie wenig »seelsorgerlich« jene Antwort des Vaters ist.

Stellen Sie sich vor, Sie sitzen am Abend zu Hause im Wohnzimmer. An Ihrer Wohnungstüre wird geläutet. Draußen steht jener Vater. Sie sehen ihm an, dass er Probleme hat und Ihre Hilfe braucht. Sie bitten ihn herein, und er schildert Ihnen die Situation: die jubelnde Freude über die Heimkehr des jüngeren Sohnes – und nun diese Auseinandersetzung mit dem älteren Sohn, der so aggressiv und verbittert reagiert. Nun bittet jener Vater Sie um Ihren Rat, wie er denn nun recht und christlich mit dem älteren Sohn umzugehen hätte. Was würden Sie ihm raten? Wie geht man mit einem »älteren Sohn«, der zornig ist, dessen innere Verzweiflung aber hinter seinem Zorn so gut spürbar ist, »seelsorgerlich« um?

Als ich mir diese Frage stellte, wurde es mir eigenartig zumute. Ich wusste ziemlich genau, was ich alles an guten Vorschlägen für eine solche Situation spontan bereit hätte: »Der Sohn hat recht. Er braucht jetzt dringend Anerkennung. Wahrscheinlich haben Sie ihm wirklich viel zu wenig gezeigt, wie sehr Sie seine Arbeit, seine Treue, seine Zuverlässigkeit schätzen. Sein Zorn ist doch ein eindeutiges Signal einer inneren Verletzung, die nun ganz ernst genommen werden muss, damit sie innerlich auch heilen kann. Wahrscheinlich wäre es sogar gut, wenn Sie sich dafür entschuldigen, auch wenn Sie das nicht bewusst, nicht mit Absicht getan haben. Wichtig ist jetzt nicht, was Sie gemeint haben, sondern wie Ihr Tun bei Ihrem Sohn angekommen ist. Und dann? Hat er sich nicht einen »Bock« gewünscht, um einmal zusammen mit seinen Freunden fröhlich zu sein? Den sollte er wirklich bekommen! Aber Sie sollten auch noch ernsthaft mit ihm reden. Vielleicht ist ein Bock zu wenig, bloß ein weiteres Zeichen seiner zu großen Bescheidenheit. Dann sollten Sie ihm mindestens zwei schenken, dazu noch irgend etwas anderes, an dem er Ihre Wertschätzung deutlich ablesen kann. Vielleicht erinnern Sie sich, dass er irgendwann einmal einen Wunsch geäußert hat, den Sie ihm nun erfüllen und damit sein Herz erreichen können? Oder vielleicht wäre eine klare Abmachung mit ihm sinnvoller, dass er von jetzt an regelmäßig einen Bock zum Fest für seine Freunde zugute hat? Ja, falls Sie seine Arbeit so hoch einschätzen, wie Ihnen das jetzt bewusst wird, warum sollten Sie ihn dann nicht ebenso, mindestens ebenso beschenken wie den jüngeren Sohn: mit einem Mastkalb? ... Und nochmals: Er sollte von Ihnen hören, dass Sie dankbar sind, dass all das jetzt besprochen werden kann, auch wenn er seine Meinung im Moment ungeschickt gesagt hat. Sie sehen doch auch, dass er mit seiner Kritik auf seine Weise wirklich recht hat.«

Wir könnten mit solchen »seelsorgerlichen Ratschlägen« weiterfahren. Wüssten wir nicht, dass es sich um den Vater im Gleichnis handelt, wüssten wir nicht um dessen so ganz andere Antwort, so würde uns das Wort vielleicht nicht so schnell im Hals steckenbleiben. Unsere Antwort kommt uns erfahren und klug vor. Das alles klingt doch auch vernünftig: eine Entschuldigung, ein angemessenes Geschenk als Ersatz für das schon so lange erwartete Entgelt, ein Handschlag der Versöhnung. Damit wäre doch alles wieder gut. Man könnte dann wieder von vorne anfangen. Das wäre doch mit geringem zeitlichen und materiellen Aufwand und einem bisschen guten Willen zu verwirklichen. Falls der Sohn trotzdem an seinem Zorn festhält, könnte sich der Vater mit gutem Recht sagen, er habe jetzt wirklich versucht, seinen guten Willen zu zeigen und alles, was geschehen war, wieder gutzumachen.

Warum sollte das falsch sein?

Kehren wir nochmals zum Wort des Apostels Paulus zurück: Gott will uns nicht zu Knechten machen, sondern zu Kindern. Der seelsorgerliche Ratschlag greift darum zu kurz, weil er einem Menschen, der sich wie ein Knecht an Gott heranmacht (und von Gott als dem Vater spricht Jesus ja in diesem Gleichnis), um von ihm durch seinen aufopfernden, bewunderswerten Dienst den ihm zustehenden Lohn zu erbitten, aus seinem Knecht-Sein gerade nicht heraushilft, sondern – fromm und vernünftig! Welch unheilige Allianz! – erst recht in dieses Knecht-Sein hineinstößt. Gerade darum greifen jene seelsorgerlichen Antworten zu kurz. Sie greifen nicht tief genug. Sie greifen zwar in die Oberfläche der Not, nicht aber in ihr Zentrum. Und das macht sie so fromm-gefährlich: Sie versuchen, den »geringen« Lohn durch einen »besseren« Lohn aufzuwiegen. Gerade damit bestätigen sie jedoch diese falsche Haltung des Sohnes, der sich selbst als Knecht versteht. Aus einem eifersüchtigen Knecht, der beinahe ohne Lohn arbeitet, machen wir mit solchen Ratschlägen einen Knecht mit Lohn, mit gutem Lohn vielleicht, mit Superlohn und Prämien. Aus einem Knecht wird ein Superknecht, ein Super-Superknecht mit Bock und Mastkalb. Ich fürchte, es würde die geradezu unheimliche Reaktion eintreten, dass dieser Sohnes-Knecht sofort äußerst zufrieden wird, glücklich mit dem Vater vereint, der ihn nun endlich berücksichtigt hat. Welchen Erfolg hätten wir da nicht als Seelsorger gehabt! – Aber wir verstehen es nun, dass man mit einer derartigen Hilfs-Logik aus Knechten nimmermehr Söhne macht, bloß glückliche Knechte. »Gott hat uns aber *nicht* einen Geist der Knechtschaft gegeben, unter dem man sich wieder und wieder fürchten muss, sondern den Geist der Sohnschaft, in dem wir rufen: Abba, lieber Vater!« Darum ist diese Bock- und Mastkalblogik so falsch, so gefährlich, so heimtückisch! Sie treibt mit ihren Lohnerwartungen und ihren geistlichen Lohnzahlungen tiefer und immer tiefer in die Knechteshaltung hinein! Von ihr muss der Sohn befreit werden. Von ihr – von nichts anderem! Also sehen wir in den Bibeltext noch genauer hinein.

4. Die Therapie des Vaters

Es ist auffallend genug, dass im Munde des Vaters keiner jener Ratschläge auftaucht, die uns so naheliegen: keine Entschuldigung, kein Belohnungsvorschlag, aber auch kein Schimpfwort, kein Aufruf zum Gehorsam! Wirklich – gar nichts dergleichen. Was dann?

In einer Demut sondergleichen, so erzählt Jesus, verlässt der Vater das Fest des jüngeren Sohnes, um nun seinen älteren Sohn, seinen Sohnes-Knecht zu suchen. Ob er ihn finden, wirklich wiederfinden wird? Hören wir genau hin! Der Vater antwortet auf die versteckte Frage, auf die offene Anklage nicht. Er tut nichts anderes, als dem älteren Sohn zu sagen, dass er das, was er einklagt, ja, schon längst hat! Verstehen wir den Vater recht, dann *kann* man diesem Sohn, der sich so zurückgesetzt vorkommt, gar nichts mehr geben. Er »hat« das alles ja schon. Nur die geöffneten Augen, das weite Herz, dies alles auch zu sehen, das hat er noch nicht. Einen Bock wünscht er sich als Lohn für sein Knechtsein. Dabei gehört ihm als Sohn doch alles! Geradezu lächerlich wirkt das! Er bittet um etwas, das ihm viel erscheint, und dabei ist das ein winziger Teil dessen, was ihm ohnehin gehört! Welch verschobener Blickwinkel! Dass diese Dimensionen zurecht gerückt werden, das will dieser Vater erreichen. Darin liegt tatsächlich die einzige Möglichkeit. Aus den Bock-Wunsch-Christen-Knechten sollen Kinder, sollen rechtmäßige Söhne werden.

Es sind zwei Sätze, die der Vater sagt. Sie gehören wohl zum Tiefsten, was uns in der Bibel zugesprochen wird. Ich möchte diese beiden Sätze uns allen ins Herz rufen, damit sie Raum in uns gewinnen: »Mein Kind, die ganze Zeit bist du bei mir – und alles, was mir gehört, das gehört auch dir!«

Nun müssen wir diese beiden Aussagen gewissermaßen in die Hände nehmen und sie wie ein Schmuckstück von allen Seiten betrachten, um ihren Glanz zu entdecken, ihn aufnehmen zu können: »Die ganze Zeit sind wir bei dir, Vater.«

Die »ganze Zeit«, also nicht bloß jetzt an unserem Fest, nicht nur im Gottesdienst, nicht nur in den frommen Geschäftigkeiten, sondern auch in den dunklen Stunden, in denen alles in uns leer und scheinbar bodenlos wird; auch in den dunklen Stunden, die uns die Schamröte ins Gesicht treiben; auch in den dunklen Stunden, in denen uns Angst und Verzweiflung heimsuchen ... »Vater, die ganze Zeit bin ich bei dir. – Es gibt keine Zeit, in der deine Gegenwart mir versagt oder genommen ist.« Und so müssen wir unseren Alltag und unsere Lebenszeit durchgehen und uns von diesem Vater sagen lassen, dass es keinen Augenblick gibt, in dem wir nicht in seiner Gegenwart zu Hause sind, zu Hause als seine Kinder: auf den heiteren, sonnigen Wegen, aber auch auf den schweren Wegen, die jeder von uns mit sich selbst und mit anderen zu gehen hat! Kein Schritt, kein Augenblick, in dem der Vater von uns je Abschied genommen hätte oder Abschied nehmen wird!

Und nun der zweite Satz: »Alles, was mir gehört, das gehört auch dir!« Wie seltsam dieser Satz mit jenem Wunsch des Sohnes nach einem Bock kontrastiert! Nein – weder Bock noch Mastkalb, sondern: »Alles, was mein ist, ist dein.« Welch erschreckende Verwechslung, sich bloß einen Bock zu wünschen. Sehen wir dem recht in die Augen: Welch grauenhafte Ironie, um geistliche Böcke und Mastkälber zu bitten, die uns ohnehin schon gegeben sind! Auch bei diesem Satz brauchen wir viel, viel Zeit, um ihn uns anzueignen. Was gehört denn alles dem Vater, dessen Kinder wir sein dürfen? Das müssten wir ja lernen, um zu sehen, was uns gehört! Einen solchen Satz kann man nicht einfach wie ein Scheckheft in die Tasche stecken, nicht einfach so mit dem Verstand akzeptieren! Wenn wir bloß zu ahnen beginnen, was uns damit zugesprochen ist, dann müsste es uns vom Stuhl reißen. Ich will es in der Sprache des Gleichnisses sagen: Natürlich kennen wir als »ältere Söhne« das Haus des Vaters, kennen es von Kindesbeinen an, so wie wir vielleicht den christlichen Glauben, die biblischen Verheißungen und die Wahrheiten des Katechismus schon lange kennen. Aber nun müssten wir das Haus stürmen und von Raum zu Raum gehen, die Kasten und Truhen und Vorratskammern, die Keller und Estriche durchwühlen, Stück um Stück zur Hand nehmen und sagen: Vater – das alles gehört dir – und weil es dir gehört, darum gehört es auch mir! Ein solcher Satz hat mit christlichem Hochmut, den es ja auch gibt, nichts zu tun. Er trägt seine Wahrheit in sich, weil er vom Vater selbst uns zugesagt ist. »Mein Kind, die ganze Zeit bist du bei mir! Und *alles,* was mir gehört, gehört auch dir!«

5. Und? Was geschieht nun?

Dies Gleichnis, das Jesus erzählt, ist nicht beschaulich. Es ist bitterernst! Der jüngere Sohn findet nach Hause in die Arme seines Vaters. Die große Freude wird Wirklichkeit. Wie der ältere Sohn reagieren wird, das lässt Jesus um seiner Hörer willen offen. Wird jener – und dahinter stehen ja wir alle, insofern wir dieser »ältere Sohn« sind, der nie von zu Hause fortgewesen ist, der immer im Hause des Vaters ein- und ausging, der gearbeitet und gedient hat, der treu war und nie das Gebot des Vaters übertreten hat ... – wird dieser ältere Sohn ebenfalls heimfinden? Sehr ernst stellt Jesus diese Frage. Es mag sein, dass die Heimkehr des jüngeren Sohnes aus der Fremde viel einfacher ist als die Heimkehr aus dem so gewohnten christlichen Knechtsein hinein ins Sohnsein, heraus aus dem Lohndenken in den Reichtum des Vaters, der uns gegeben ist.

Und wenn es doch geschieht? Vor Freude zerreißen müsste es uns, uns als Christen, uns auch als Gemeinden! Vielleicht käme es uns dann in den Sinn, einmal eine Zeitlang nicht mehr zu arbeiten, sondern uns einfach zu freuen: eine Zeit im eigenen Christenleben, eine Zeit im Aktionsprogramm der Gemeinde auszusparen – vielleicht sogar Monate! –, um Zeit zu haben, das Vaterhaus und darin den eigenen Reichtum zu entdecken! Wer weiß? Wer weiß?

Ich habe kein Recht, Ihnen so etwas wie ein Programm mitzugeben. Aber mit einem Traum will ich uns entlassen. Das Gleichnis lässt die Reaktion des Sohnes ganz offen. Das ist Anfrage, ist Einladung. Und nun dürfen wir doch träumen, was nun geschehen könnte. Dem jüngeren Sohn hat der Vater ein Fest bereitet. Wie, wenn nun der ältere Sohn seinen Reichtum entdeckt, sich vielleicht auch über seine eingebildete Armut und seine Bock-Wünsche schämt oder, noch besser, darüber lächeln lernt – das dürfte er sicher auch! – und dann aus beidem heraus gar nicht mehr anders kann als das »Fest des älteren Sohnes« zu feiern. Wie ein solches wohl aussehen müsste? Lasst uns träumen davon. Lasst uns träumen von jener ganz anderen Freude des Vaters: »Siehe da, mein Sohn, der immer im Vaterhause blieb, der gedient hat und gehorsam war und der in seinem Knechtsein so verloren war, hat endlich als Kind heimgefunden!« Welch unendlicher Jubel müsste das sein: Jubel von Vater und Sohn. Davon möchte ich mit Ihnen träumen: von den Festen des älteren Sohnes in unserem eigenen Leben, in unseren Gemeinden. Welch ein Jubel!

III. Die Frage nach dem rechten Umgang mit Gott

»Umgang mit Gott, dem Unsichtbaren« (Hebräer 11,27)

»Mose konnte *standhalten,* denn er hatte im Glauben gelernt, mit Gott, dem Unsichtbaren, so umzugehen, wie wenn er ihn sehen könnte.« Diese Aussage des Hebräerbriefes lässt uns aufmerken.

Man muss den Text in seinem Zusammenhang lesen und darauf achten, in welcher Situation Mose durchhalten musste. Auf der einen Seite stand die große *Verlockung:* Er sollte der Sohn der Tochter des Pharao heißen. Ist es das, was man heute Karriere nennt? Mose hielt stand. Später, als er Israel aus Ägypten zu führen hatte, begegnete ihm die *Bedrohung* in der damals mächtigsten Form: im Zorn des Pharao. Eingespannt zwischen der *Verlockung* und der *Bedrohung,* musste er seinen Weg unter dem Gehorsam Gottes finden.

Ist das nicht bis heute so geblieben? Solange wir als Christen unauffällig bleiben und uns an dem ausrichten, was auch allen anderen Menschen als »normal« gilt, werden wir doch mehr oder weniger in Ruhe gelassen. Unsere Welt macht sich aber mit der größtmöglichen Verlockung und der stärksten Drohung an den heran, der aus ihrer Mitte, aus dem, was sie »normal« nennt, ausbrechen will. So uralt ist diese Frage und ist doch für uns gleich dringend geblieben: Wie kommen wir durch? Wie lernen wir standzuhalten? Wenn man unsere Wirklichkeit zu sehen lernt, die großen Zusammenbrüche, in denen wir stehen, die geistigen und sittlichen Notstände, in denen auch die Kirchen in der Regel keine Kraft für ein richtungweisendes Wort mehr aufbringen, gewinnt das Wort der Bibel über Mose enormes Gewicht. Mose hielt stand. Das ist es, was man tun müsste. Diese Kraft, *standzuhalten,* brauchten wir.

Fragen wir den Hebräerbrief nach dem Geheimnis des Mose, nach der Kraft, die ihm dieses Standhalten ermöglicht hat, dann sagt er zunächst: Es war nichts anderes als der *Glaube,* den Mose hatte. Es ist nicht etwas, das zum Glauben noch hinzukommt, wohl aber etwas, das *im* Glauben liegt und *in ihm* gelernt werden muss. Darauf weist der Text sofort hin. »Mose hatte gelernt, mit Gott, dem Unsichtbaren, so umzugehen, als ob er ihn sehen könnte.«

An diesem Bibelwort habe ich herumgerätselt und lange Zeit geglaubt, ich könne es nicht verstehen. Eines Morgens jedoch wartete ich auf dem Bahnhof auf den Zug. Ich beobachtete dabei die Menschen. Männer und Frauen standen da, gingen miteinander um, sahen einander an und sprachen miteinander. Plötzlich verstand ich: So, wie dieser Mann mit seiner Kollegin umgeht, so würde er es wohl nicht tun, wenn jetzt seine eigene Frau bei ihm wäre. Und so, wie jene Frau diesen Mann ansieht, würde sie es wohl nicht tun, wenn ihr Mann neben ihr stehen würde. Da wurde mir plötzlich deutlich, was Mose gelernt hatte. Er ging mit den Menschen und den Dingen der Welt so um, dass er den lebendigen Gott trotz seiner Unsichtbarkeit ständig um sich gewusst hat; nicht so wie die Männer und Frauen auf dem Bahnhof, die ja genau wussten, dass ihre Ehepartner weit weg waren und ihnen nicht zusehen konnten.

Vielleicht führt uns das dem Geheimnis dieses Textes näher. Mose konnte der Welt in ihrem enormen Druck standhalten, weil er den Unsichtbaren vor sich wusste, auch wenn seine Augen ihn nicht sehen konnten. Für uns mag das ungewohnt, ja, schwierig sein. Wir haben uns daran gewöhnt, dass das »Unsichtbare« in dem Bereich, den wir für die Wirklichkeit halten, auch abwesend ist. So leben wir ja auch mit Gott. Weil wir ihn nicht sinnenhaft wahrnehmen, halten wir ihn auch für abwesend. Wir haben es nicht gelernt, mit seiner Gegenwart zu leben und mit ihm in seiner Unsichtbarkeit umzugehen.

Wie lernt man das? Zunächst sicher so, dass man an der Bibel diese »Sichtweise« einübt. Es gibt viele Hinweise dafür, dass das auch den biblischen Menschen nicht selbstverständlich gewesen ist. Sie haben es aber gelernt. Es gibt eine eigenartige Geschichte, die das andeutet (2. Könige 6,8–23). Der Prophet Elisa wurde von syrischen Truppen dringend gesucht, damit man ihn unschädlich machen könnte. Er erfuhr von Gott sämtliche militärischen Pläne der Syrer. Ja, die Knechte erzählten dem syrischen König, Elisa wisse sogar alles, was dieser in seinem Schlafgemach spreche. Da umzingelten die syrischen Soldaten das Dorf, in dem sich Elisa gerade aufhielt. Am nächsten Morgen, als er mit seinem Knecht hinaustrat, sah dieser die Soldaten und schrie laut auf. Die eigene Situation war aussichtslos geworden. »Wehe, Herr, was werden wir nun machen?«

Was der Knecht da sagt, muss uns freuen! Er hat gute Augen und nimmt die Wirklichkeit, wie sie ihn umgibt, scharf zur Kenntnis. Er schätzt sie richtig ein und will sich und anderen nichts vortäuschen. Das ist ein guter Grundzug der Bibel, dass sie der Täuschung widersteht. Der Diener sieht die Bedrohung, die ihn umgibt, ganz scharf und schätzt auch die eigene Kraft sehr genau ein: Da kann ein Mensch nicht durchhalten, nicht standhalten. Wehe, Herr, was werden wir nun machen?

Der Bericht geht jedoch nicht mit dieser Resignation weiter. Elisa, der dasselbe wie sein Knecht sieht, *überspringt die sichtbare Wirklichkeit nicht auf schwärmerische Art, als gäbe es sie nicht. Er bleibt aber auch nicht resigniert bei ihr stehen, als sei sie die einzige Wirklichkeit.* Elisa betet: Herr, öffne ihm die Augen, damit er sieht! Dieses Gebet ist darum zunächst eigenartig, weil der Diener ja sehr genau gesehen hat. Unbestechlich hat er die Wirklichkeit um sich herum wahrgenommen. Doch es gibt ein »Sehen«, das diese Art von Sehen übersteigt. Der Diener soll, und sei es bloß für einen Augenblick, offene Augen für die Wirklichkeit des Unsichtbaren erhalten, die ihn von Gott her umgibt und mit der er bisher nicht zu rechnen, nicht zu leben und nicht umzugehen gelernt hat. Und da sah er es plötzlich: Gott hat seinen Knecht Elisa mit feurigen Wagen umgeben.

Unsere Augen und Ohren, unsere Sinne taugen nicht dazu, die Wirklichkeit Gottes, die uns unsichtbar umgibt, zu erfassen. Sie sind »gehalten«, wie die Bibel sagt, »noch nicht verwandelt«, noch nicht neu geworden. Aber auch dazu ist uns die Bibel gegeben, dass wir an ihr lernen, wie tief die unsichtbare Wirklichkeit Gottes in unsere Welt hineinragt – dass Gott uns ständig nahe ist. Es braucht im Grunde nur eine Kleinigkeit, und wir könnten seine Nähe wahrnehmen. Dazu will, ja, dazu *muss* uns die Bibel erziehen, dass wir mit dieser Wirklichkeit Gottes zu *leben* lernen; dass wir mit ihm, den wir nicht – noch nicht – sehen können, so leben und so umgehen, als könnten wir ihn schon sehen!

In diese Richtung weist uns auch der Beter des Psalmes 16, wenn er uns sagt: »Ich habe den Herrn allezeit vor Augen« (Vers 8). Wenn man diesen Text genau übersetzt, dann wird er geradezu aufregend. Es heißt nämlich dort: »Ich stelle den Herrn beständig mir als mein Gegenüber auf« – so wie man in einem Spiegel sein eigenes Spiegelbild vor sich hat. Offensichtlich merkt der Psalmbeter, dass auch ihm das nicht so einfach gelingen will. Aber er versucht es und drückt sich darum so stark bildhaft aus: Ich stelle mir den Herrn ständig da vor mich hin, damit er mir bei allem, was ich tue, was ich denke und was ich sage, *da* – unmittelbar *vor mir* – ist. Er muss es gleichsam greifen können, dass der Herr selbst bei ihm ist und ihm bei allem zusieht. Wie ein Spiegelbild muss ihm Gott sein, damit er ihn in sich selbst hinein verwandeln kann. Wie sollte der Beter Gott sonst lieben können? Wie sollte er sonst durchkommen? Und, als wollte er uns bereits auf die Aussage des Hebräerbriefes hinweisen, sagt er weiter: »Wenn du mir zur Rechten bist, dann wanke ich nicht«, dann kann ich standhalten.

Das ist das Geheimnis. Um durchzukommen, braucht es nicht Menschen, die in sich stark sind. Nein, es braucht Menschen, die lernen, mit Gott, dem Unsichtbaren, so zu leben und umzugehen, als ob sie ihn jetzt schon sehen könnten. Dazu will uns die Bibel bei der Hand nehmen und Mut machen.

Vielleicht können wir es so lernen, dass wir das Psalmwort ernst nehmen und zum eigenen Gebet werden lassen: »Ich stelle den Herrn ständig vor mir als mein Gegenüber auf.« Man muss das wirklich lernen und sich immer daran erinnern: Der lebendige Gott ist mir ganz nah. Das wird man vor allem im Gebet zu lernen haben. Wir sprechen mit Gott so, dass wir ihn als den anrufen, der uns ganz nah ist – da, gerade uns gegenüber. Dieses Gebet bleibt nicht vom Leben isoliert. Es begleitet uns in die Verrichtungen unseres Alltages, in die Begegnungen, Gespräche und in unser Denken hinein: Du, Vater, du bist da, bist in all dem mit dabei. So dringt Gegenwart ins Leben ein. So leitet Leben immer neu in seine Gegenwart zurück.

Wenn wir darauf achten, so sehen wir, dass die Menschen der Bibel wie selbstverständlich aus dieser Wirklichkeit heraus leben und glauben. Eine große Zahl von Bibeltexten kann uns helfen, Gottes unsichtbare Welt als Wirklichkeit zu erkennen.

Im Bericht von Jesu Verklärung auf dem Berg (Matthäus 17,1–9) wird gezeigt, wie für einen Augenblick diese Trennung zwischen sichtbarer und unsichtbarer Welt aufgehoben ist. Die Sinne der Jünger sind für einen Augenblick fähig, die unsichtbare Welt in ihrer Nähe, in ihrer Wirklichkeit wahrzunehmen. Mose ist da, Elia ist da – reinste Gegenwart. Der Austausch von dieser Welt in die unsichtbare hinein ist möglich, ist wirklich und notwendig.

Ernst werden wir nun auch die Aussage des Hebräerbriefes nehmen, dass die Glaubenszeugen der Zeit vor der Ankunft Jesu gleichsam eine »Wolke von Zeugen« sind, die die Gemeinde in ihrem gegenwärtigen Kampf ständig umgibt (Hebräer 12,1ff). Das Bild, das hier gezeichnet wird, ist von seltsamer Eindrücklichkeit. Es sei wie eine große Arena. Auf den Bänken sitzen keine Zuschauer, sondern die Zeugen als die Vorkämpfer für Gottes Herrschaft, deren Dienst in der sichtbaren Welt abgeschlossen und in ihrer Bewährung bezeugt ist. Auf der Kampfbahn stehen die gegenwärtig lebenden Christen. Könnten sie wahrnehmen, was um sie her ist, so würden sie die Anfeuerungsrufe, die Unterstützung und die intensive Begleitung erfahren, die ihnen zuteil wird: Ermutigung, im Glauben an Jesus Christus weiterzugehen und in Treue das durchzuhalten, was der Christenheit als ganzer anvertraut ist.

Kaum genug ernst nehmen kann man auch das in mancher Hinsicht so geheimnisvolle Wort Jesu, das er den Sadduzäern auf ihre Frage nach der Auferstehung zur Antwort gibt. Er spricht von den Vätern, von Abraham, von Isaak und Jakob. Als Verstorbene sind sie dennoch Lebende, denn »Gott ist nicht ein Gott der Toten, sondern von Lebendigen; *denn ihm sind alle lebendig«* (Lukas 20,38). Ähnlich klingt es in jenem bekannten Wort, das Jesus nach dem Zeugnis des Johannesevangeliums über sich selbst gesagt hat: »Ich bin die Auferstehung und das Leben. Wer an mich glaubt, wird leben, auch wenn er stirbt; und jeder, der lebt und an mich glaubt, wird in Ewigkeit nicht sterben« (Johannes 11,25f).

Auch hier geht es um die umfassende Wirklichkeit der unsichtbaren Welt Gottes. Sie berührt und durchdringt den sichtbaren Bereich unserer Welt, der uns mit unseren Sinnen zugänglich ist, auf vielfältige Weise. Das Zeugnis der Bibel will uns im Glauben helfen, diese Bezüge zu erkennen, zu glauben und so auch zu leben. Auf diese unsichtbare, unseren Sinnen noch nicht zugängliche Weise ist der lebendige Gott auch uns nah. Das hat sehr oft mit Gefühlen nichts zu tun. Es hat mit dem Glauben zu tun, der sich dieses Wissen aneignet und die Vollzüge des eigenen Lebens, also die täglichen Verrichtungen, die Begegnungen, unsere Arbeit und unser Denken in der Gegenwart Gottes geschehen lässt: mit Gott selbst als unserem ersten Gegenüber. Das Gefühl als sinnenhaftes Empfinden, vielleicht Ahnen dieser Nähe mag dann dazukommen oder auch ausbleiben. Gottes Wirklichkeit und Nähe hängen nicht daran.

Vor einigen Jahren wurde während der Zeit der vielfachen Verfolgungen in Äthiopien ein junges Mädchen um seines Glaubens willen verhaftet, verhört, geschlagen, weiter verhört, gefoltert und endlich als ein blutendes Menschenbündel wieder freigelassen. Auf die Frage, wie sie denn das alles hätte ertragen können, gab sie eine Antwort, die einfach klingt, aber Tiefstes zum Ausdruck bringt: »Jesus war bei mir. Er stand die ganze Zeit zwischen mir und dem großen Grauen um mich herum.« Kann man einfacher und doch zutreffender über diese Erfahrung und ihr Geheimnis sprechen? Er *selbst* steht die ganze Zeit *zwischen* uns und all dem, was uns umgibt. So ist er!

IV. Die Frage nach der Fremdheit Gottes

»Herr – wer bist du?« (5. *Mose* 32,39)

1. Die Gefahr der Bilder

Im Umgang mit Menschen erlebt man allerhand Überraschungen. Ein junger Mann leidet an seinen Eltern. Es bricht aus ihm heraus: Meine Eltern haben sich von mir ein Bild gemacht. Daran wird nun gemessen, wer ich sein, wie ich reagieren und handeln soll. Ich halte es nicht mehr aus. Meinen meine Eltern wirklich mich selbst oder bloß das Bild, das sie sich von mir machen?

Was hier anklingt, ist eines der großen Probleme im Umgang miteinander. Menschen oder Gruppen werden mit Stempeln versehen: rechts oder links, fromm oder liberal, konservativ oder radikal. Solche Bilder, in die man den anderen hineindrängt, machen unser Verhältnis zueinander krank. »Ach – den kenne ich ohnehin schon! Das ist wieder einmal typisch für die! Immer wieder macht er das so! ...« Und schon macht sich die große Langeweile breit. Wer ein festes Bild vom anderen in sich trägt, erwartet von ihm nichts Neues.

2. Das Symptom der Langeweile

Langeweile wird zum Symptom, das auf diese tief verwurzelte Krankheit hinweist. Dasselbe gilt nicht nur für unseren Umgang mit Menschen. Kennen Sie die Langeweile beim Bibellesen? Ja? Woran liegt das eigentlich? Kinder äußern sich offen: Die Sonntagsschule, die Kinderkirche ist langweilig. »Diese Geschichte kennen wir ohnehin schon ... Jetzt kommt wieder daaaas ...« Was man »ohnehin schon kennt«, wird langweilig. Stellen wir uns der Rückfrage: Kennen wir die Bibel »ohnehin schon«? Kennen wir als Freunde, als Ehepartner, als Mitarbeiter einander »ohnehin schon«? Ja,, kennen wir gar Gott selbst »ohnehin schon«? Dieses »ohnehin schon« und die damit verbundene Langeweile sind untrügliche

Zeichen dafür, dass sich ein »Bild« vor den anderen schiebt und den lebendigen Umgang mit ihm unmöglich zu machen beginnt. Wie schön war doch die Zeit, in der man gespannt war: Wer ist der andere? Erinnern Sie sich daran? Welch Reichtum ist ein Mensch, eine tiefe, unermessliche Welt voll von Geheimnissen. Wie kann einem im Umgang mit lebendigen Menschen langweilig werden?

3. Gott – und die Gottesbilder

Das damit skizzierte Problem hat eine weitere Seite, die bereits angeklungen ist. Sie betrifft unseren Umgang mit Gott. Wir sehen uns in unserer Christenheit einer großen Zahl von »Gottesbildern« gegenüber, die zum Teil mit vielen biblischen Elementen »entworfen« werden. Ist das so einfach möglich? Das Unbehagen greift um sich, wo mit Worten der Bibel vom Gott der Bibel gesprochen wird und doch der Eindruck zurückbleibt, hier werde von einem anderen Gott gesprochen als von dem, den wir kennen. Diese Erfahrung wird uns zugleich zur Frage an uns selbst. Wer sagt mir, dass ich den Gott der Bibel kenne, dass ich ihn nicht mit einem »Gott« verwechsle, den sich mein Herz erdacht hat? Vielleicht sind es nur Träume meines Herzens, gebaut aus vielen biblischen Elementen, aber es sind doch Träume? Ist es möglich, zwischen den »Bildern« und dem Gott der Bibel selbst zu unterscheiden? Damit ist die dringende Frage nach einem biblischen Weg der Gotteserkenntnis gestellt.

4. Erkenntnis Jesu – wie kommt es dazu?

Ich nenne dafür zwei Beispiele. Der Täufer hatte von dem »Kommenden«, den er erwartet und verkündet hat, eine klare Vorstellung: Einen, der das Gericht Gottes bringt, die Tenne fegt, die unfruchtbaren Bäume umschlägt. Ja, er hörte gleichsam die Axt schon, die auf den morschen Stamm einschlug (Matthäus 3,10–12). Der Dienst Jesu aber entspricht nicht diesem Bild. Er heilte, er half, er linderte Schmerzen und löste Behinderungen. Der Täufer hätte sich zurückziehen können in der Überzeugung, dass Jesus also nicht der erwartete Kommende sein kann. Das Bild hätte damit über die Wirklichkeit regiert. Doch das geschieht hier nicht. Der Täufer zieht sich nicht zurück, sondern sendet seine Jünger zu Jesus mit der offenen Frage: »Bist du es, oder müssen wir auf einen anderen warten?« (Matthäus 11,2–6). Der Konflikt zwischen dem Bild und der Wirklichkeit wird hier offen ausgetragen. Wo liegt die Lösung in einem solchen Konflikt? Jesus nimmt scheinbar gar nicht offen Stellung. Er weist die Jünger des Johannes zunächst auf das hin, was sie sehen können. Es sind Heilungstaten (vgl. Lukas 7,21). Aber das Sehen allein genügt nicht. Jesus fährt mit Worten weiter, die für die Jünger erkennbar an alttestamentliche Texte anklingen, vor allem an eine Reihe von Jesajatexten (Jesaja 61,1ff; 42,7; 35,5 u. a.): »Blinde werden sehend, Lahme gehen, Aussätzige werden rein und Taube hören, Tote werden auferweckt, Armen wird die frohe Botschaft gebracht.« Mit dieser Zuordnung des eigenen Sehens zum alttestamentlichen Bibelwort will Jesus Johannes helfen, seine Wahrnehmung der Wirklichkeit in rechter Weise mit der rechten Erinnerung zu verbinden. Es ist die Erinnerung an die Schrift, genauer: an ganz bestimmte biblische Zusammenhänge. An biblische Zusammenhänge hatte Johannes ja auch gedacht, als er den Kommenden als den Richter mit dem eisernen Besen erwartete und verkündete (vgl. Maleachi 3,1–5.19–24). Und darum zweifelte er an Jesu Sendung. Dieses »biblische« Bild hatte sich störend vor die Wahrnehmung des Handelns Jesu geschoben, so dass er im Glauben an Jesu Sendung unsicher wurde. Jesu Antwort lautet, wenn wir sie etwas ausführen, etwa so: Zweifle nicht an meinem Handeln. Zweifle an jenem Bild, das du von mir in dir trägst. Korrigiere dein Bild von mir als dem Kommenden. Dann wirst du erkennen, dass ich es bin, dass das biblische »Bild« (aufgrund der Jesaja-Verheißungen) und mein Handeln übereinstimmen.

Nun das zweite Beispiel. Als die Emmausjünger auf dem Heimweg waren, da trat Jesus als der Auferstandene zu ihnen. Die Jünger haben ihn zwar gesehen. Aber das führte sie noch nicht zur Erkenntnis, dass er es war. Sie gehen wie blind neben ihm her, versunken in ihre Trauer, ihren Schmerz. Als sie aber am Abend zu Tische saßen und der Herr das Brot brach, da kam die Erinnerung: Genau so hat *er* es immer gemacht! Und in dem Moment führte die Wahrnehmung zur Erkenntnis: »Da wurden ihnen die Augen aufgetan, und sie erkannten ihn« (Lukas 24,31). War es bei Johannes die Erinnerung an die Schrift, so ist es hier die Erinnerung an den Umgang mit Jesus. Aber bei beiden Ereignissen sind dieselben Elemente wichtig: Wahrnehmung und »Erinnerung«. Das, was von Jesus wahrzunehmen war, musste auf rechte Weise mit der Erinnerung an die Schrift beziehungsweise an ihn selbst verbunden werden.

Was hier deutlich wird, das ließe sich an vielen weiteren Texten der Bibel aufzeigen. Es ist aber – weit über das theologische Gespräch hinaus – auch eine konkrete Hilfe für uns Menschen, die wir als Christen leben wollen. Man muss es lernen, in seiner Gegenwart die Dinge, die Menschen und die Ereignisse täuschungsfrei wahrzunehmen. Das Sehen allein führt jedoch noch nicht weit. Es muss mit der »Erinnerung« zu einem Urteil verbunden werden. Was bei den Emmausjüngern deutlich wird, das kann auch uns im Umgang mit solchem »Sehen« leiten: *»Wie* hat es denn der Herr immer gemacht?«

Wenn ich in die Ereignisse meines Lebens hineinsehe, wenn ich den Weg bedenke, den unsere Kirche geht, dann frage ich immer auch nach der »Erinnerung«: Wie lässt sich das, was ich da sehe und erfahre, mit dem verbinden, was mir in der Bibel von Gott bezeugt wird? Wie sehen denn die Wege aus, die Gott geht? Wie ist es zu verstehen, wenn Gott einen Menschen in die Tiefe führt? Wie ist es zu verstehen, wenn Gott unsere Kirche und uns »machen lässt«, ohne all dem eigenmächtigen Treiben noch zu widerstehen?

Noch ein biblisches Beispiel. In den ersten Tagen unserer Kirche betet die Gemeinde in Jerusalem (Apostelgeschichte 4,24–31). Sie *sieht:* die Verfolgung durch den Hohen Rat. Sie *erinnert:* Sie blickt im Gebet auf das Wort der Bibel (Psalm 2) zurück. Sie *erinnert* nochmals: Sie blickt in die jüngste Geschichte des Leidens Jesu zurück und von daher wieder in die Gegenwart. Dadurch lernt sie, aus Wahrnehmung und Erinnerung heraus ihre Gegenwart zu verstehen und zu wissen, welcher Weg jetzt ohne Menschenfurcht gegangen werden muss. Damit gewinnt sie die Fähigkeit, auch konkret zu beten: »Und jetzt erst recht! Strecke deine Hand aus ...« Das Sehen in unsere Welt mit weit offenen Augen, das verbunden wird mit der Erinnerung an das, was vom Gott der Bibel und von seinem

Handeln zu wissen ist, führt zu einem Glauben, der die Erkenntnis in sich enthält.

5. Eine biblische »Erinnerung«

Nun aber ist zu fragen, ob uns die Bibel Hinweise dafür gibt, dass bereits in ihr solche »Erinnerungen« an Gott eine besondere Rolle spielen. Gibt es Einsichten in Gottes Wege, die den Menschen der Bibel zu solchen »Erinnerungen« wurden und uns helfen können, den Gott der Bibel, den Vater unseres Herrn Jesus Christus, von den Göttern, die uns umgeben, und von den Träumereien des eigenen Herzens zu unterscheiden? Denken wir nur an Johannes den Täufer zurück. Sein Bild vom Kommenden als dem Richter, der donnernd dreinfahren wird, war ja durchaus ein biblisches Bild und musste dennoch korrigiert werden.

Ich denke, dass der folgende Text bereits in der Bibel selbst ein besonderer »Erinnerungstext« gewesen ist:

»Sehet nun, dass ich, ich es bin
und kein Gott neben mir ist.
Ich bin's, der tötet
und der lebendig macht.«
5. Mose 32,39a

Gottes *Ich* steht hier ganz am Anfang. Die Aussage hat zum Ziel, den Unterschied zwischen dem Gott der Bibel, dem Gott Israels und all jenen zu markieren, die als »Götter« neben ihn gestellt werden könnten.

6. Der »kleine« Unterschied

Worin liegt der Unterschied? Gott sagt, er sei der, der tötet und lebendig macht. Dazu zwei Bemerkungen. Wenn wir den Vers auf deutsch lesen, dann klingt er beinahe so, wie wenn hier zwei Kennzeichen über Gottes Handeln aneinandergereiht würden. Das würde heißen: »Gott ist ein Gott, der sowohl töten als auch lebendig machen kann.« Liest man diesen Vers aber hebräisch, dann klingt das ganz anders. Das hebräische »und« bedeutet sehr oft, dass eine zweite Aussage die erste ergänzt, sie weiterführt und so mit ihr unbedingt zusammengehört: »Gott tötet – und *gerade so* macht er lebendig.« In diesem Verständnis wurde dieses Wort Martin Luther zum Schlüssel, durch den er den Weg zu verstehen begann, den Gott in der Geschichte mit einzelnen Menschen, mit ganzen Völkern, ja, mit sich selbst geht. Damit hat er richtig gesehen.

Zu unserem Wort gibt es eine Parallele, die wesentlich bekannter ist. In ihrem Lied spricht Hanna lobpreisend über Gottes Wege und über seinen Umgang mit Menschen: »Der Herr tötet und macht lebendig. Er stößt in die Grube und führt herauf« (1. Samuel 2,6). Diese Parallele ist darum wichtig, weil sie die Aussage, dass Gott tötet und gerade so lebendig macht, tief in der Bibel verankert. Einmal im »Gesetz« und einmal in den »Propheten«, also in den beiden Hauptteilen der hebräischen, der jüdischen Bibel. Das bedeutet, dass solch einer Aussage über Gott eine enorme Bedeutung zukommt. Die ganze Bibel steht hinter diesem Satz, nicht nur ein Teil davon. Darum kann man schon innerhalb des Alten Testaments klar sagen: *Genau so* handelt der Gott Israels! Ja, *das* ist er, das muss er sein.

7. Der Widerspruch zwischen Ziel und Weg

Gottes Weg durch die Geschichte Israels ist in gewissem Sinn ein Kommentar dieses Verses. Das ist hier nicht auszuführen. Im Neuen Testament aber erscheint die Verwirklichung dieses Wortes in hellem Lichte. Machen wir uns deutlich, was hier gesagt wird. Der Weg, den Gott geht und den er sein Volk führt, beginnt beim Leben und führt wieder zum Leben. Es ist nicht ein Weg zum Tod! Nein, Gottes großes Ziel ist es, *zum Leben* zu führen, zu einem tief und umfassend erfüllten Leben. Der Weg aber, den Gott führt, scheint dem Ziel, das Gott sich vorgenommen hat, klar zu widersprechen.

Wir Menschen haben es in uns, unsere Wege irgendwie als Abglanz des Zieles zu denken. Soll das Ziel das Leben in seiner ganzen Fülle sein, dann wird, ja, dann muss auch der Weg zu diesem Ziel Leben sein: immer mehr, immer erfüllter, immer gelöster und entspannter und wirklicher. Wie eine Stufenleiter: Jede Stufe bringt mich dem Ziele näher und macht mich ihm ähnlicher. Bei Gott ist das plötzlich anders. Auch sein Ziel heißt »Leben«. Aber die Wege, die er führt, stehen unter seinem Wort: Ich töte – *und gerade so* mache ich lebendig. Unausdenkbar sind Gottes Wege für uns Menschen.

8. Gottes Eigenart

Gottes Eigenart, die in diesem Bibelwort anklingt, leuchtet weit ins Neue Testament hinein. Der Weg, den der Vater den Sohn führt, den der Sohn ganz freiwillig und doch im Gehorsam gegenüber dem Vater geht, steht ganz unter dieser Regel: »Sehet nun, dass ich, ich es bin und kein Gott neben mir ist. Ich bin's, der tötet und der so lebendig macht.« Wo ist das genauer für uns anschaubar geworden als in Jesu Kreuz und Jesu Auferstehung? Unser Herr war tief mit seiner Bibel vertraut. Darin hat er die Stimme seines Vaters gehört. Gehorsam hat er sich unter dieses Wort gestellt. Es ist ja auffallend: Dieser Ablauf, dass der Weg beim Leben beginnt, dann in die Tiefe führt – und dass dort unten in der Tiefe wirklich *gestorben* wird, dass Gott durch diesen *Tod* hindurch zum *Leben* führt, das finden wir in diesem alttestamentlichen Wort und bei Jesus im Neuen Testament. Jesus hat über sich selbst gesagt: »Wenn das Weizenkorn nicht in die Erde fällt und stirbt, dann bleibt es allein. Wenn es aber stirbt, dann bringt es viel Frucht« (Johannes 12,24). Das Ziel ist das Leben, die reiche Frucht. Der Weg zu solchem Leben, zu solcher Frucht ist das Sterben. Und diesen Weg geht unser Herr.

9. Jesus geht seinen Weg nicht allein

Doch das ist noch nicht alles. Jesus will diesen Weg nicht allein gehen. Auch hinter seinen Nachfolgeworten scheint dasselbe Geheimnis hindurch: »Wer sein Leben *findet,* der wird es verlieren; und wer sein Leben *verliert um meinetwillen,* der wird es finden« (Matthäus 10,39). Ein Bibelkenner mag wissen, dass es das Jesuswort ist, das im Neuen Testament am häufigsten überliefert wird. Gleich sechs Mal ist es zu finden, in allen vier Evangelien. Und wieder ist es dasselbe Geheimnis, das darin ausgedrückt ist. Das *Ziel* lautet: Wir sollen das Leben finden. Ganz groß und offen steht das vor uns. Aber der *Weg* dorthin, dass wir bei Jesus und mit ihm das Leben finden, heißt: das Leben *verlieren*. Dieselbe unerbittliche Schärfe klingt auch in jenem anderen Wort Jesu an, das ebenfalls zu den Nachfolgeworten zu zählen ist: »Wer nicht sein Kreuz auf sich nimmt und mir nachfolgt, der *kann nicht* mein Jünger sein« (Matthäus 10,38).

Davon hat auch Paulus gewusst und gelebt. In der Auseinandersetzung mit jenen Gegnern, die ihm in seinen Gemeinden das Leben so schwer gemacht haben, schreibt er: »Ich will ja ihn – Jesus – erkennen und die Kraft seiner Auferstehung« (Philipper 3,10). Welch schönes Wort. Das möchten wir doch: Kraft. Aber die Aussage des Paulus geht weiter. Er ist sich im Klaren darüber, auf welchem Weg Gott mit ihm zu diesem Ziel kommen will: »... indem ich seinem Tode gleich gestaltet werde.« Tief hinein in die tiefste Erniedrigung, in die Enteignung geht der Weg, der zur Auferstehung führt.

Etwas fällt uns auf: Die Bibel erklärt jene Eigenart, die Gott kennzeichnet – dass er tötet und gerade so lebendig macht – zum Kennzeichen des Weges, den der Messias, unser Heiland Jesus gegangen ist und geht. Sie bezeichnet sie aber auch als Zeichen des Weges, den Gott die Menschen, die diesem Messias Jesus gehören, führt. *Gott prägt sein eigenes Kennzeichen dem Weg des Messias und dem Weg der messianischen Menschen ein.*

Damit gewinnen wir eine »Erinnerung«, ein biblisches Bild von Gott und seinem Weg zum Leben, das uns im Umgang mit unserem eigenen Leben, den Ereignissen in der Geschichte, in unserer Kirche und mit all den Wegen, die da gegangen werden, leiten wird. *Gerade so* handelt unser Herr. Wo scheint dieser Weg Gottes hindurch? Wo prägt Gott *diesen* Weg in Bewegungen, in Gruppen, in einzelnen Menschen ein? Ich denke, man kann daran deutlich erkennen, ob eine Verkündigung, eine Theologie um den lebendigen Gott, um unseren Herrn Jesus Christus weiß, oder ob sie von einem anderen zeugt.

10. Nur dieser Weg?

Doch damit allein wäre es noch nicht genug. Es könnte sich ja bei dieser Wegskizze bloß um *einen* Weg handeln, den Gott geht und führt. Es müsste ja nicht der einzige sein, der andere Wege, die Gott ebenso geht, ausschließt. Ich denke, dass das durchaus seine Berechtigung hat. Gott führt nicht jeden Menschen, führt nicht zu allen Zeiten diesen Weg. Wer das behauptet, der radikalisiert eine zentrale biblische Wahrheit auf einseitige Weise. Krankmachende Gottesbilder, die wir durch Erfahrungen, vielleicht durch die Erziehung und durch unsere Ängste in uns tragen, scheinen da ihre Bestätigung zu finden: Gott als ein Gott, der um des Lebens willen uns alles Schöne, Gute, Lustvolle und Erfüllende wegnimmt. »Der Weg unten durch ist immer frei«, so wird es dann sogar in ein menschliches, frommes Programm umformuliert. Und wieder sind wir in jenem alten Muster, in dem der fromme Mensch sich durch Leistung und durch Entsagung, durch scheinbare Opfer etwas vor Gott und von ihm erwerben will. Gerade das kann hier nicht gemeint sein. Vielleicht wird uns der Unterschied greifbar, wenn wir es verdichtet formulieren: *Gott führt den Weg durch das Sterben zum Leben. Aber der Mensch erwählt sich diesen Weg nie selbst.*

Wir halten uns jedoch in diesem Beitrag vor Augen, welches Gewicht auf diesem Wort, dieser Selbstaussage Gottes liegt: »Sehet nun, dass ich, ich es bin und kein Gott neben mir.« Gottes Ausschließlichkeit, die Geltung des ersten Gebotes steht hier auf dem Spiel. Gerade *dadurch* macht sich Gott von den Göttern unterscheidbar, dass er diesen Weg führt und mit Menschen, mit seinem Volk zusammen geht. Sagen wir es nochmals anders. Beide – Gott und die Götter, die sich neben ihn stellen wollen – halten das Leben in der Fülle des Menschseins als *Ziel* aufrecht. Während aber bei den Göttern der *Weg* bereits wie ein Abglanz dieses Zieles erscheint, in Wahrheit aber zum grausamen Verlust der menschlichen Würde und Heiligkeit führt, so ist das bei Gott anders. Gottes *Weg* scheint dem *Ziel,* das er sich vorgenommen hat und das er auch erreichen wird, klar zu widersprechen.

11. Das Ziel – Ja! Der Weg – Nein?

Wenigstens ein Beispiel soll das erläutern. In der Versuchung tritt das Böse in personhafter Gestalt an Jesus heran. Er hält ihm das Ziel, das der Vater ihm gesetzt hat, deutlich vor Augen: den

Jubel der Menschen, die Herrschaft über die ganze Welt. Man lese doch diesen Text einmal aufmerksam durch, welches Ziel hier Jesus vor Augen gestellt wird (Matthäus 4,1–11). Das ist ja gerade das Geheimnis dieses Versuchungstextes. Das *Ziel,* das Gott dem Messias gesetzt hat, wird hier überhaupt nicht angetastet. Es bleibt unverrückt: die Herrschaft der ganzen Welt soll in die Hände des Messias kommen. Der Weg aber, der zu diesem Ziel führen soll, dieser wird zum Gegenstand der Versuchung. Im Blick auf den Weg soll Jesus sich vom Vater lösen. Der Böse zeigt Jesus gewissermaßen eine »Abkürzung«. Kann der Weg so wichtig sein, wenn das Ziel erreicht wird? Besteht nicht der Auftrag Jesu darin, das *Ziel* irgendwie, möglichst schnell, möglichst »effektiv« zu erreichen? Ja, könnte Jesus den Vater nicht gerade damit überraschen, dass er dieses Ziel viel schneller und viel einfacher auf einem anderen Weg erreicht, als der Vater das vorgesehen hat? Jesus könnte es erreichen, indem er vor dem Bösen niederfällt. Darin liegt die »theologische« Versuchung. Das *Ziel* bleibt unverrückt. Aber im Blick auf den *Weg* zu diesem Ziel sollen wir vom Vater gelöst und gewissermaßen selbständig werden.

12. Der Weg des Antichrists

Nun gibt es im Neuen Testament einen wichtigen Text, der uns in dieser Hinsicht weiterhelfen kann. Das Buch der Offenbarung (Kapitel 3) zeigt uns, welchen Weg der Antichrist, das zweite Tier also, gehen wird. Diese antichristliche Figur wird so geschildert, dass sein Bild dem, was wir von Jesus wissen, sehr ähnlich ist. Wer den Weg und das Geheimnis Gottes nicht gut kennt, wer anhand der Bibel nicht hören gelernt hat, der wird unsicher werden. Als Tier mit sieben Köpfen, so schildert es uns dieser eindrückliche biblische Abschnitt, erhält der Antichrist auf einem seiner Köpfe eine »Todeswunde«. Es wird sogar wiederholt: »wie zu Tode getroffen«. Doch eben darin liegt der Unterschied: der Tod wird beinahe erreicht, er wird gestreift. Tragisch wird man dieses Ereignis vielleicht in der Presse nennen. Ja, wunderhaft wird es zu nennen sein, denn diese »Todeswunde« wird »geheilt«. Das Geschehen von Tod und Auferstehung Jesu wird hier nachgeahmt. Dass das *Leben* Gottes *aus dem Tode* kommt, wird hier scheinbar wiederholt. Die große Bewegung Gottes, die aus dem Leben heraus hinein in den Tod und von diesem Tod wieder zurück ins Leben führt, wird nachgeahmt. Aber eben: nur nachgeahmt. Das zu Tode verwundete Tier kommt aus der Tiefe wieder herauf und empfängt den Jubel, die Anbetung der Menschen: »Wer ist diesem Tiere gleich, und wer vermag mit ihm Krieg zu führen?« (Offenbarung 13,4).

13. Was geschieht in der Tiefe?

Vergegenwärtigen wir uns den Weg, den dieses Tier geht. Er scheint zunächst genau dem Weg, den Gott selbst geht und den er die Seinen führt, zu entsprechen. Der Weg beginnt doch beim Leben, geht dann in die äußerste Tiefe hinab. Von dorther führt er wieder zum Leben zurück. Doch hier wird uns der Unterschied ansichtig. *Was geschieht in dieser Tiefe?*

Bei Gott und dem Weg, den er führt, steht dort das Sterben: Gott *tötet*. Unter den Händen Gottes verliert der Mensch sich selbst. Ich denke, dass an Jesus und seinem Weg deutlich genug wird, wie unerbittlich ernst Gott es damit meint. Das Kreuz ist für Jesus keine Krise, sondern Pfahl des Sterbens!

Beim Antichristen steht an der Stelle des Todes bloß eine Wunde. Sicher, es ist eine Todeswunde. Sie ist tief, ist furchtbar. Man meint, bereits den Jargon der Journalisten zu hören, die von einem »erschütternden Ereignis« sprechen werden. *Aber auf diesem Weg wird nicht gestorben.* Man ist versucht, an Vorstellungen unserer Zeit zu erinnern: in solcher tragischen Tiefe käme der Mensch zu sich selbst, da finde er zu den wahren Quellen seiner Kraft, ja, er werde in der Tiefe seines Selbst den göttlichen Urgrund seines Seins erkennen. In welch einem frommen Gewand kann diese Sprache auftauchen. Am Ende taucht sie in unseren eigenen Zeugnissen, in unseren eigenen Predigten so auf?

14. Eine grundsätzliche Unterscheidung

Eine grundsätzliche Unterscheidung drängt sich bei dieser Überlegung jedoch auf. Was hier über den geistlichen Weg der Nachfolge gesagt wird, den allein Gott führen kann und darf, ist nicht mit Psychologie zu verwechseln beziehungsweise auf menschliche Reifungsprozesse übertragbar. Werden diese Grundregeln für den Bereich des seelischen Lebens reklamiert, führen sie in schwere menschliche Verkürzungen, die dem Willen Gottes entgegenstehen. Nur der Mensch, der sich selbst gefunden hat, kann sich an Gott hingeben. Anders: Sich selbst hingeben kann nur der, der sich dabei nicht selbst seelisch aufgibt und meint, gerade damit Gott zu dienen. Verwechslungen in diesem Bereich haben tragische Konsequenzen im Leben des einzelnen Menschen und seines Umfeldes. Dabei ist unbestritten, dass Wege menschlicher Reifung schmerzhafte Wege sind, auf denen uns Entbehrung, Verlust usw. zugemutet wird. Aber gerade auf solchen Wegen gehört es zur Aufgabe, die Gott uns in unser Menschsein hinein mitgegeben hat, dass wir »uns« finden, unser je unverwechselbares Menschsein. Was Gott in der Schöpfung eines Menschen angelegt hat, das darf und soll sich so weit wie möglich in seinem Reichtum und seiner Schönheit entfalten können. Je tiefer wir auf den Wegen menschlicher Reifung zu uns selbst finden, desto tiefer können wir uns in der Nachfolge Jesu hingeben. Das sind keine Gegensätze.

15. Als Frage bleibt ...

Haben wir die Kraft, in der Verkündigung und in der Seelsorge Menschen dahin zu führen, dass sie vor Gott ihr Leben *verlieren?* Haben wir den Ernst, diesen messianischen Weg *selbst* zu gehen, auf dem Gott uns *selbst* enteignet? Nochmals: nicht als Weg, den wir *selbst* uns wählen und uns dabei fromm vorkommen! Wohl aber als Weg, den er uns führt und dem wir folgen? *Darf Gott uns noch enteignen?* Das biblische Wort erweist sich als Prüfstein, der uns über so manches, das sich in uns und um uns breit macht, nicht im Unklaren lassen wird. Gottes Ziel ist es, dass der Mensch zum *Leben* in den Armen des Vaters findet. Gottes Weg zu solchem Leben aber will im Gehorsam erinnert, erkannt und so geglaubt und endlich gelebt werden. Er muss von uns gegangen und unserer Kirche und unserer Welt bezeugt werden: *Gott führt in den Tod. Und gerade so macht er lebendig.*

V. Die Frage nach dem Leid der Welt

»Das Leid der Welt und ein Gott der Liebe« (Psalm 73)

Was haben das Leid dieser Welt, was hat mein persönliches Leid mit dem Gott dieser Welt zu tun, den die christliche Tradition den Gott der Liebe nennt? Dieses Thema, dem wir uns nun zuwenden, gehört zu jenen großen Fragen, die sich den Menschen im Lauf der Geschichte immer wieder gestellt haben und auch immer wieder stellen werden: den einfachen Menschen ebenso wie den großen Philosophen unserer Geschichte, den Dichtern und Denkern, den Fragenden, aber auch den Spöttern. Man hat über die Frage nachgedacht, hat Antworten gesucht und Lösungen versucht. Das alles muss man bedenken, wenn man sich dieser Frage zuwendet. Wir sind nicht die ersten, und wir werden nicht die letzten sein. Wir dürfen aus alten Antworten lernen, dürfen neue Fragen stellen und nach neuen Antworten suchen.

Bevor wir uns der Frage selbst nähern, hilft uns ein Blick in die Tradition. Er zeigt uns nämlich, dass man diese Frage von ganz verschiedenen Blickwinkeln aus stellen kann, ja, dass sowohl Frage als auch Antwort nicht unbeträchtlich mit dem Ansatzpunkt zusammenhängen, von dem aus man fragt.

A. DER BLICK IN DIE TRADITION

1. Die philosophische Fragestellung

Man kann das Verhältnis zwischen dem Leid und Gott als philosophische Frage auffassen, bei der sowohl die Einheit des philosophischen Welt-Gedankens als auch die Einheit des philosophischen Gottesgedankens auf dem Spiel steht. In der Philosophiegeschichte nennt man es seit Gottfried Wilhelm Leibniz (1646–1716) die Frage der *Theodizee,* der Rechtfertigung Gottes. Als logisches Problem wird man sie jedoch formulieren, wie sie seit der antiken Philosophie immer wieder laut wurde:

- entweder will Gott das Übel in der Welt aufheben, aber er kann nicht;
- oder er kann, will aber nicht;
- oder er will nicht und kann auch nicht.

Alle drei Lösungen sind nicht denkbar, ohne den Gottesgedanken preiszugeben!

- Die vierte logische Möglichkeit lautet, dass Gott das Leid aufheben will und auch kann.

Diese vierte Möglichkeit scheitert aber an der offenbaren Realität des Leides, ja, des Bösen in der Welt.

So stehen wir vor einer rein gedanklich nicht lösbaren Frage.

2. Die psychologisch-pädagogische Fragestellung

Ein zweiter und in der Neuzeit zunehmend wichtiger Versuch besteht darin, das Problem als psychologische beziehungsweise als *pädagogische Frage* zu formulieren. Damit verändert sich die Frage nicht unbeträchtlich, da auch mit diesem Ausgangspunkt der Frage ein bestimmter Rahmen möglicher Antworten bereits vorgegeben ist: Inwiefern braucht es das Böse, das Leiden, damit der Mensch zu seiner Reife kommt beziehungsweise eine ganze Menschheit in einer als Erziehungsprozess verstandenen Geschichte zu ihrer vollen Entwicklungsgestalt kommt? Das Dunkle, das Böse, das Leiden, sie werden geradezu als Grundimpuls verstanden, als eigentlicher Anstoß der Vorwärtsbewegung. Würde alles immer bloß »gut« sein, so würde sich nichts verändern. Erst das Böse in der Gestalt des Leides bringt etwas in Bewegung. Darum muss doch das Leid im göttlichen Entwicklungsplan mit dem einzelnen Menschen, mit der ganzen Welt eine sinnvolle, wenn auch nicht immer klar erkannte Funktion haben.

3. Die existentielle Fragestellung

Es gibt einen dritten Zugang zu dieser Frage, und das ist der persönliche Zugang. Ein Mensch, eine Gruppe, ja, ein ganzes Volk, das von vielleicht verständlichem, oft aber von unverstehbarem Leiden getroffen wird, schreit auf! Der Unterschied zum ersten und zum zweiten Ansatzpunkt wird, wenn man in solche existentiellen Zeugnisse hineinhört, schlagartig deutlich. Stehen bei den philosophischen Texten *Fragen und logische Überlegungen im Vordergrund,* treten uns beim psychologischen Ansatz eher *entwicklungspsychologische Erklärungen* entgegen, so sind es bei jenem Zugang, hinter dem persönliche Betroffenheit steht, *der Schrei, der Schmerz, die Anklage:* »Mein Gott, mein Gott, warum hast du mich verlassen …«, so ruft der Beter. Zur Anklage, zum Wutschrei, ja, bis zur Gotteslästerung kann dieser Ruf werden, und endlich kann er verstummend zum Schweigen zusammenbrechen und so – stumm geworden – lauter und anklagender sein als jeder Klageton, der zum Worte wurde. Wer das Schweigen in der Gedenkstätte für die ermordeten Kinder während des Holocaust in Yad Vashem in Jerusalem kennt, weiß, was hier gemeint ist.

4. Die Integration der Fragestellungen in der Bibel

Wendet man sich der Bibel zu, dann ist man erstaunt, wie oft und in welcher Breite diese Frage in ihr gestellt wird, immer und immer wieder: *»Die Wasser reichen mir bis zur Kehle. Eingesunken bin ich in tiefem Schlamm, es findet mein Fuß keinen Grund. Ich kam in die Tiefen der Wasser, die Fluten strömen hinweg über mich. Müde bin ich geworden vom Rufen, meine Kehle ward heiser. Mir ermatten die Augen, da ich muss warten auf meinen Gott«* (Psalm 69,2–4). Welch persönliche und verdichtete Erfahrung des Leidens hinter solchen und ähnlichen Texten wohl steht? Das führt dazu, dass Menschen in ihrer Erfahrung immer wieder sich selbst in solchen Worten wiederfinden. Wir können sagen: In der Bibel wird die Frage nach dem Leiden dieser Welt und seinem Verhältnis zu Gott zunächst als Frage des betroffenen Einzelnen, des betroffenen Volkes, der betroffenen Menschheit laut. Es ist die, wie man modern sagt, existentielle Frage, die im Vordergrund steht. Denken ohne betroffenes Leben gibt es für die Bibel nicht. Und doch sind die anderen Ebenen nicht ausgeschlossen, sondern gleichsam in sie integriert: die psychologisch-pädagogische Ebene, die nach dem Sinn des Leides, auch dem positiven Sinn beim Menschen fragt; die philosophische Ebene der Frage, die nach der Logik fragt, wie Gott und Welt und Leiden denn zusammengedacht und verstanden werden können. Es gehört mit zur Weite der Bibel, dass sie alle drei Ebenen gleichsam in sich schließt und je ihre Berechtigung, aber auch ihre Grenzen anerkennt. Und doch steht die persönliche Seite, der persönlich-notvolle Schrei des leidenden und in seinem Leiden angefochtenen Menschen deutlich im Vordergrund: Leiden, das aus dem Inneren aufbricht als Angst und Zweifel; Leiden, das durch Lebensführungen auf einen geworfen wird und in die Untiefen der Sinnlosigkeit hinabreißen will; Leiden, das uns als Folge eigener Taten, eigener Fehler, eigener Fehlentscheidungen gleichsam einholt; Leiden, das durch andere Menschen und ihr Fehlverhalten über uns kommt, ohne dass wir uns dagegen wehren könnten; endlich Leiden, hinter dem nach unserem Verstehen, ja, vielleicht sogar entsprechend der erfahrenen Wirklichkeit, Gott selbst als Urheber erscheint ...

B. PSALM 73 – DER NOTSCHREI ÜBER DAS LEID DER WELT

Der folgende Beitrag versucht, die mit unserem Thema anstehenden Fragen anhand eines der bewegendsten Zeugnisse der Bibel, anhand von Psalm 73, zur Sprache zu bringen. In diesem Psalm treffen sich persönliches Leiden, persönliche Erfahrung mit verschiedenen »Lösungswegen« sowie mit der Erfahrung des Leides von Jahrtausenden. Seit seiner Entstehung ist dieser Psalm von unzähligen Menschen der ganzen Welt nachgesprochen, nachgebetet, geradezu nachgelitten und so von einer Generation an die andere übereignet worden. Aber auch der Weg zu einer wirklichen Lösung dieser Frage, der sich in diesen Jahrtausenden bewährt,

d. h. bewahrheitet hat, wird darin geradezu geheimnisvoll aufgezeigt. Wir werden sehen, wie viele der uns bewegenden Fragen – der existentiellen, der philosophischen, aber auch der psychologischen beziehungsweise pädagogischen Fragen – in diesem Psalm anklingen und ins Blickfeld treten. Wir werden über den Ausgangspunkt der Frage reden, über ihre unausweichliche Krise, und ebenso über ihre Lösung. Aber eines dürfen wir nicht vergessen: Dieser Psalm ist weder philosophische Analyse noch psychologische Erklärung. Er ist Gebet, er ist Reden im Angesicht des lebendigen Gottes! Und wahrscheinlich kann nur in diesem Gegenüber zu Gott allein diese Frage wahrhaft gehört, gestellt und bewegt werden. Auch davon will dieser Aufsatz Zeugnis ablegen. Nur dann haben wir uns dieser Frage wirklich genähert, wenn wir über ihr zu betenden Menschen werden.

1. Der Ausgangspunkt der Frage

Der Psalm setzt mit einem Satz der biblischen Weisheit ein, den der Beter in sich trägt, der ihm geradezu wie ein Lehrsatz gilt und ihm bisher als Muster seiner Welterklärung diente:

»Lauter Güte ist Gott gegen die Aufrichtigen,
der Herr gegen die, die reines Herzens sind.« (Vers 1)

Woher hat dieser Beter denn diesen Satz? Mag sein, dass er ihn von seinen Eltern, von Großeltern und Lehrern übernommen hat. Dahinter steht die Erfahrung von Generationen, in die sich der Beter eingebettet weiß. Diese Aussage ist Ausdruck der Weisheit der Bibel, des alten Orients, ja, der ganzen Menschheit, deren Wahrheit sich an den Vollzügen des täglichen Lebens sowohl des einzelnen Menschen wie ganzer Gruppen und Völker beobachten lässt: Wo Aufrichtigkeit und Reinheit da sind, wo nicht im Verborgenen manipuliert, sondern wo Wahrheit an den Tag gelegt und dann, vielleicht unter Schmerzen, auch durchgehalten wird, da zeigt sich das in Glück, in Zufriedenheit, in Bewahrung. Gott stellt sich segnend, fördernd, bestätigend hinter solches Tun von Menschen. Dieselbe Lebensweisheit hat auch bei uns in vielen Sprichwörtern Ausdruck gefunden, die ähnlich den engen Zusammenhang von Tun und Ergehen betonen, auch wenn sie es eher als eine Art Prinzip der Selbstregulierung formulieren und dafür nicht Gott als Garant dieser Ordnung in Anspruch nehmen. Der Zusammenhang zwischen meinem Tun und meinem Ergehen kann von jedem von uns beobachtet werden. Er ist in voller Klarheit sichtbar.

Aber diese Einsicht hat offensichtlich auch ihre Grenzen und Gefahren. Dem Beter erscheint sie nämlich nicht bloß als Schlussfolgerung aufgrund einzelner Vorgänge, sondern als eine Grundregel, die immer und überall gelten soll: Dein Ergehen hängt an deinem Handeln. Hat man einen solchen Satz formuliert, dann kann man ihn plötzlich auch umkehren: An deinem Ergehen erkennt man, wie dein Handeln beschaffen ist. Und Gott? Gott erscheint in solcher Logik als Garant einer moralischen Weltharmonie. Er wird zu dem, der dafür zu sorgen hat, dass jedem das Ergehen zukommt, das er mit seinem Tun verdient. Dasselbe muss dann auch umgekehrt stimmen: Wer nicht aufrecht ist, der muss bestraft werden. Bewegt man sich auf der Bahn dieser Logik, dann geht es noch weiter, wie uns das geradezu als zwingendes (und falsches!) Argument bei den Freunden Hiobs entgegentritt. Das so offensichtliche Leid, das über Hiob gekommen ist, muss mit einer offenen Schuld seines Lebens zusammenhängen. Wenn sie nicht aufweisbar ist, dann muss es eine verborgene Schuld geben, die bisher nicht aufgedeckt wurde. Solange diese strenge Logik das Denken beherrscht, muss es geradezu so sein. Denn, wenn der Mensch nicht Verursacher seines Leides wäre, dann müsste es doch Gott sein. Und weil das nicht sein darf und darum nicht sein kann, darum ...

Was ist damit gesagt? In einzelnen Lebensvollzügen kann ich durchaus beobachten, dass mein Ergehen mit meinem Verhalten eng zusammenhängt. Was jedoch in einzelnen Zusammenhängen zutrifft, das kann zu einer einfachen Grundregel werden, mit der Menschen das ganze Leben und seinen Verlauf von Glück und Leid erklären. Die Harmonie des eigenen Lebens, ja, wohl auch die der ganzen Welt scheint plötzlich durch diese Grundregel erklärbar: Wer Gutes tut, dem geht es gut; wer Böses tut, der erfährt die Folgen seines Tuns am eigenen Leibe. Und dann scheint man jenes

Urteil auch umkehren zu können: Wer Leid erfährt, der hat Schuld in seinem Leben; wer Erfolg hat, der ist auch vor Gott ein rechter Mensch! Und Gott? Gott wird zum Garant dieser Lebens- und Weltordnung hinter diesen Abläufen. *»Lauter Güte ist Gott gegen den Frommen, der Herr gegen die, die reines Herzens sind.«* Je selbstverständlicher dieser Grundsatz als eine Art allgemeines Prinzip verinnerlicht wird, desto näher liegt es dann, Gott das Versagen daran zuzuschieben, wenn sich im einen oder anderen Fall dieser Grundsatz nicht mehr bewährt: Gott, wie kannst du das zulassen? Es ist immer einfacher, Gott anzuklagen als die eigenen Grundmuster in Frage zu stellen. Doch meist zwingt das Leben selbst über kurz oder lang dazu, solche scheinbar bewährten Muster aufzugeben, um dadurch der Wirklichkeit unverstellt zu begegnen.

2. Die große Krise

a) Der Einsatzpunkt der Krise

Was geschehen muss, das geschieht sofort. Diese Grundregel zerbricht dem Beter. Bevor wir auf die Ursache dieser Krise zu sprechen kommen, haben wir noch eine wichtige Beobachtung festzuhalten: Die Krise ist zunächst nicht eine Krise seines Denkens! Sie greift tief in die ganze Existenz dieses Menschen ein und packt ihn so leibhaftig (vgl. Vers 14), dass er ihr nun auch gedanklich nicht mehr ausweichen kann. Das Leben und der Leib holt das Denken ein. *»Um ein kleines, und ich wäre gestrauchelt ...«* (Vers 2). Natürlich wird der Beter später auch nachdenken und zu verstehen suchen (Vers 16). Aber die Krise setzt nicht mit dem Denken ein. Krisen sind in ihrer Wurzel keine theoretischen Fragen, sondern die Umsetzung allgemeiner Fragen in die persönliche Existenz. In dieser Umsetzung jedoch werden sie plötzlich unverwechselbar. Was man sich in der Theorie noch gedanklich zurechtlegen kann, das fällt auf der Ebene konkreten Lebens wie ein Kartenhaus in sich zusammen. Und das mag so auch gut sein!

Vielfach trifft der Zusammenbruch eines solchen Denkschemas, mit dem man sich die eigene innere Stabilität gewissermaßen gesichert hat, einen Menschen mit ungeheurer Wucht. Als Beispiel mag die Frau Hiobs stehen, die das Leiden ihres Mannes sieht und die klaren Konsequenzen aus ihrem inneren Lebensmuster zieht: Wenn es mit Gott so steht, dann »sag Gott ab und stirb« (Hiob 2,9). Wenn uns das Leid so trifft, dann zerbricht jeder Trost, dann zerbricht jede harmonische, moralische Welterklärung, dass doch alles seine Ordnung habe und am Ende gut herauskommen werde. Mag sein, dass dieser Trost bis zu diesem Zeitpunkt durchaus tragfähig war! Es zeigt sich nun, wie inhaltsleer er in Wahrheit ist. In letzter Verdichtung bricht nun tiefste Erkenntnis hervor. Besteht der Gottesglaube nur darin, dass Gott eine solche moralische Weltharmonie garantiert? Dann bleibt in dem Moment, da dieses Grundprinzip am Erfahren des eigenen Leidens zerbricht, nur noch dieser Ausweg: der bewusste Verzicht auf die Hypothese Gott und damit der Verlust der eigenen Lebendigkeit. Nur noch ein radikaler praktischer Atheismus scheint möglich: »Leben, als ob es Gott nicht gibt«. Wenn mir Gott nicht für mein Wohlverhalten auch mein Wohlergehen garantiert, warum sollte ich dann nicht so leben, als ob es diesen Gott überhaupt nicht gibt? Aber, und auch das sagt Hiobs Frau in einer unerhörten Hellsichtigkeit, ein solcher Weg führt letztlich ins Sterben. Wer so lebt, als ob es Gott nicht gibt, kann auch gleich sein eigenes Leben aufgeben. »Sag Gott ab und stirb.« Wer den lebendigen Gott verliert, verliert zugleich sich selbst.

b) Wodurch kommt es zur Krise?

»... Ich sah, wie es dem Gottlosen so wohl ging«, so drückt es der Beter des Psalmes aus (Vers 3). Die konkrete Wahrnehmung der Lebenswirklichkeit rings um ihn zerbricht ihm sein moralisches Welterklärungsprinzip. Bewegend und unerhört kraftvoll schildert er, was er, da ihm nun endlich die Augen geöffnet wurden, in dieser Welt wahrnimmt:

»Ich sah, wie es den Gottlosen so wohl ging.
Sie leiden keine Qualen.
Gesund und wohlgenährt ist ihr Leib.
Von der Mühsal der normalen Menschen sind sie frei,
sie sind nicht gehemmt wie die anderen Menschen. ...
Sie sehen kaum aus den Augen vor Fett,

und die inneren Pläne sind voller Ausdruckskraft.
Bis gegen den Himmel erheben sie ihre Stimme,
und auf der Erde lassen sie ihrer Zunge freien Lauf
Das imponiert den Leuten,
die sich dieser Frechheit beeindruckt zuwenden.
Ihre Worte werden von den Menschen gierig getrunken
wie frisches Wasser. Und auch sie sprechen es ihnen nach:
»Wie soll Gott wahrnehmen, was wir wirklich tun?
Wie soll es beim Höchsten eine liebende Aufmerksam-
keit geben? Siehe, so treiben es die Gottlosen.
Immer sind sie im Glück und werden erst noch reich«.
(nach Vers 3–12)

Mit dieser Lebenswirklichkeit kontrastiert aber nun das eigene Leben:

»... ich hielt rein mein Herz
und wusch meine Hände in Unschuld; und
doch war ich geplagt allezeit,
und meine Züchtigung
war jeden Morgen pünktlich zur Stelle.«
(Vers 13–14)

Was der Psalmbeter hier erzählt, das sind keine Gedanken, sondern lauter Wahrnehmungen. Er sieht in seine Wirklichkeit. Und nun hält er genau fest, was er da zu sehen bekommt. Wer wollte ihm angesichts des Grauens in unserer Welt entgegnen, er nähme nicht richtig wahr? Vielleicht dürften wir nur dann mit ihm reden, wenn wir zunächst mit ihm schreien lernen. Kann nur der wahrhaftig trösten, der die Wirklichkeit ebenso unverstellt wahrnimmt, sie nicht weiter überdecken will, ja, gar nicht mehr überdecken kann? Wie viel »Friede« in unserer Welt, in unseren Beziehungen ist nur möglich, weil sich die Menschen den Luxus der verdeckten Augen noch leisten? Wer ihn nicht mehr hat, der schreit – und wird endlich wahr.

Wir wissen nichts über das Alter des Beters. Dies Gebet ist selbst verdichtete Erkenntnis menschlichen Lebens und Erfahrens von vielen Generationen. Deshalb dürfen wir uns selbst in diese Beterschar eingliedern. Gerade darum sind einige Dinge bedeutsam.

Die Krise entsteht nicht dadurch, dass der Beter sich über seine Wirklichkeit gute oder komplizierte Gedanken macht. Es ist doch gerade umgekehrt. Die notvolle Wirklichkeit, in der er schon lange stand, bricht nun in sein Bewusstsein und in sein Denken ein und fordert von ihm, dass er ihr standhält, ihr begegnet. Und damit werden beinahe schlagartig all die Regeln – sein moralisches Welterklärungssystem – zerbrochen, mit denen er sich bisher seine Wirklichkeit »erklärt« hatte. Es ist die Wahrnehmung seiner Lebenswirklichkeit, die ihm die Begrenztheit, ja, die Unhaltbarkeit jenes einfachen moralischen Welterklärungssystems aufdeckt. Man muss sich vor allem als »denkender« Mensch vor Augen halten, dass das nie anders war und sein wird. Es sind die Lebensprozesse, die die Denkprozesse unweigerlich durchbrechen. Falsche gedankliche Konstruktionen tragen oft lang, oft sehr lange und werden hartnäckig verteidigt. Aber das Leben wird sie durchbrechen. Das Denken ist nicht stark genug, Leben ständig zu verfälschen und zurückzuhalten. Es ist aber umgekehrt so, dass sich das Leben immer gegen ein falsches Denken, ein falsches Erklären von Lebensprozessen zur Wehr zu setzen sucht. Genau das geschieht geradezu modellhaft in dem, was Psalm 73 schildert. Die Wirklichkeit heißt: Gottlosen geht es gut. Wenn man mit seiner Wirklichkeit nicht fertig wird, kann man noch lange Zeit an einem Erklärungsprinzip, das dieser Wirklichkeit widerspricht, festhalten und davon überzeugt sein, dass es wahr ist. Mit der Zeit jedoch wird man daran krank. Wenn das wahre Leben unsere Konstruktionen nicht durchbrechen kann, wird es sich gegen den Menschen selbst wenden. Man schädigt sich nicht ungestraft selbst, indem man falschen Denkmodellen konsequent folgt. Was im großen Bereich unserer Umwelt gilt, das gilt auch im Bereich des inneren und des leiblichen Lebens: Die Schöpfung warnt den Menschen lange, lange – und plötzlich erträgt sie ihn nicht mehr und beginnt, ihn von sich zu stoßen. Auch so wird sich die Wirklichkeit gegen die Konstruktionen durchsetzen!

Damit sind wir bei der nächsten Beobachtung: Es muss im Leben dieses Beters einen Moment gegeben haben, in dem ihm die Augen geöffnet worden sind. Die »Wirklichkeit«, die er nun sieht, die war ja schon zuvor da, war bereits wahrnehmbar, war schon vorher genauso problematisch wie jetzt. Aber offensichtlich hat ihn das lange Zeit nicht gestört. Sein moralisch-religiöses Welterklärungsprinzip war so stark, so intakt, dass es ihm die Einsicht in die Wirklichkeit verschoben oder sogar verstellt hat. Er hat das sicher alles zuvor auch schon gesehen, aber die Bedeutung dieser Wahrnehmung war ihm nicht klar. Doch – plötzlich *»sah ich, wie es den Gottlosen so wohl ging«* (Vers 3).

Ich denke, dass das jeder von uns kennt. Während vieler Jahre steht man in Lebenssituationen und lebt in Beziehungen, ohne dass einem wirklich bewusst wird, was man damit tut, was man leidet, wie man darin empfindet. Es erscheint einem gut, richtig, sogar hilfreich, auch wenn man sich die Grenzen eingesteht. Doch plötzlich geschieht in unserem Leben etwas, das unsere Art, das Leben zu betrachten, grundlegend verändert: ein Buch oder eine Krankheit, eine Melodie oder ein Bild, eine Reise, eine schlüsselhafte Begegnung mit einem Menschen, ein Traum, vielleicht sogar ein Vortrag oder gar eine Predigt – und wir »sehen« anders. Dabei erkennen wir nichts, was nicht schon zuvor dagewesen wäre. Wir sehen dasselbe wie zuvor: unser eigenes Leben, unsere Tätigkeit, unsere Beziehungen, unsere Wertmaßstäbe, die Anforderungen, die an uns gestellt werden usw. Aber plötzlich sehen wir all das »anders«. Eine neue Weise der Wahrnehmung hat sich eingestellt. Woran man sich längst »gewöhnt« hatte, was man doch so offensichtlich in sein Leben integriert hat, womit man sich bereits »endgültig« abgefunden hatte, das bricht nun auf, und man wundert sich, dass man das so lange ertragen, hingenommen, ja, selbst geglaubt und sogar mit Überzeugung vertreten hat. Scheinbar abgeschlossene Fragen melden sich mit Macht an und fordern Gehör.

Mancher mag in einem solchen Moment glauben, das Leben breche ihm zusammen. Dabei zerbricht bloß die gedankliche Konstruktion, die eine Deutung der Wirklichkeit vermittelte, damit diese lebbar schien. Konstruktionen zerbrechen, nicht das Leben.

Sie zerbrechen um des Lebens willen! Dem Beter zerbricht der bisher so hilfreiche »Lehrsatz«, mit dem er sich sein Leben deutete: »Lauter Güte ist Gott gegen den Frommen ...« Das kann offensichtlich so nicht stimmen. Dieser Satz kann so leicht mit menschlichen Vorstellungen verbunden werden, die uns scheinbar so einleuchtend klarmachen, wie denn nun diese Güte Gottes aussehen müsse, wie und wann sie kommen müsse, welchen Preis sie habe ... Aber wie, wenn Gottes Güte ganz anders ist, als wir uns das denken? Wie, wenn unser Leben einem solchen gedanklichen Lehrsatz widerspricht? Das Leben selbst will seinen Raum einnehmen. Es wird all die »Lehrsätze«, die wir in uns tragen, verwandeln. Das Leben muss mit ihnen übereinstimmen. Das ist das Ziel.

Solche Momente sind es, in denen uns die »Augen aufgetan« werden. Wir gewinnen eine vertiefte Fähigkeit der Wahrnehmung. Sie führt unausweichlich tiefer in die Wirklichkeit hinein. Wir durchschauen, wie sehr die bisherige Ruhe unseres Lebens und die Stabilität unserer Lebensverhältnisse von vielen und teilweise verhängnisvollen Selbsttäuschungen abhängig waren. Doch plötzlich tragen sie nicht mehr. Der alte Zustand ist unwiederbringlich verloren.

Wie aber, wenn wir dazu gedrängt werden, ganz »einfach« wieder so zu werden, wie wir früher waren? Solche Ratschläge erhalten wir von Menschen aus unserem engsten Lebenskreis. Doch stimmen nicht auch die Gewohnheiten unseres bisherigen Lebens, vor allem unserer Erziehung, damit überein? Werde doch »einfach« so, wie du vorher warst! Da war doch alles so ruhig, so in Ordnung. Die Verwirrung wird groß. Die Versuchung, die Augen bewusst wieder zu schließen und in den alten Zustand zurückzufallen, ist nur zu groß. Doch der Weg zurück steht einem im Leben nie offen. Es gibt zwar den Blick zurück, aber es gibt immer nur einen Weg nach vorne! Es gehört zu den Gesetzmäßigkeiten unseres Lebens, dass uns die Türen nur nach vorne geöffnet werden. So, wie man sich den Augenblick, da einem die Augen aufgetan werden, da man zu schreien beginnt, weil man plötzlich so vieles, das gut schien, als Täuschungen des vergangenen Lebens begreift und weil damit die Stabilität des inneren und äußeren Lebens zu wanken beginnt, nicht aussuchen kann, so wenig kann man einen solchen Augenblick verschieben. Krisen lassen sich nicht einfach abrufen. Wenn sie uns treffen, dann fordern sie uns. Wir tun gut daran, wenn wir ihnen dann, wenn sie sich so deutlich melden, nicht ausweichen. Der geöffnete Blick bringt tief Schmerzendes ans Licht. Aber er ist heilsam, wo wir ihm standhalten und nicht versuchen, die Augen doch wieder zu schließen, bloß um eine falsche Ruhe zu gewinnen. Nur die Wirklichkeit hilft, die Wirklichkeit zu überwinden. Vergangene Täuschungen reichen nie hin.

Und nun die letzte Beobachtung: Ausgerechnet die Bibel hat tiefstes Interesse daran, lebensfremde und wirklichkeitsferne Konstruktionen zu zerbrechen. Es ist, wie wenn sie in den Psalmen, die da gebetet werden, aber auch in den Geschichten, die uns erzählt werden, gerade solche fromm-moralischen Konstruktionen aufs Korn nimmt, um uns zu sagen: Sieh doch, im gelebten Leben ist es anders! Anders – weil der Mensch anders ist. Anders aber auch, weil Gott anders ist: ein Gott des konkreten Lebens. Hier liegt der tiefgehende Unterschied zwischen dem biblischen Reden von Gott und jeder ideologischen Weltdeutung. Es ist, wie wenn die biblischen Texte die Vielfalt, die Differenziertheit und oftmals auch die unauflösbare Rätselhaftigkeit des wirklichen Lebens geradezu betonen. Gott in seinem Reden hilft dazu, Wirklichkeit aufzudecken, nicht zuzudecken. Und rechtes Lesen der Bibel wird immer zum selben Ergebnis führen: nicht zudecken, sondern aufdecken, um so Wirklichkeit und Leben zu gewinnen!

c) Der gedankliche Umgang mit der Krise

Wir sind mit dem Psalm bis zu dem Moment gekommen, wo der Mensch mitten in seiner Krise steht. Er weicht nun den Fragen, die die Wirklichkeit an ihn stellt, nicht mehr aus. Aber das ist noch lange keine Lösung. Darum beginnt der Beter mit seiner Wegsuche. Als erstes beginnt er zu »denken«. *»Da sann ich nach und suchte es zu verstehen ... «* (Vers 16)

Auch das gehört zur Bibel, dass sie den Weg des Denkens nicht ablehnt, nicht lächerlich macht, obwohl sie die Begrenztheit dieses Weges immer wieder klar herausstellt. Innerhalb dieser Grenzen hat das Denken sein Recht. Wir werden das noch sehen. Doch zunächst fragen wir in die Tradition zurück: Welche Lösungsvorschläge sind dafür angeboten worden? Wir entdecken in vielen Variationen drei grundsätzliche gedankliche Lösungsversuche, die wir den juristischen, den pädagogischen und den dualistischen Lösungsversuch nennen wollen.

Im *juristischen Lösungsversuch* erkennen wir hinter dem Leid des Menschen ein juristisches Problem. Wer trägt die »Schuld« daran? Leid wird scheinbar selbstverständlich als Strafe interpretiert. Folgerichtig lautet auch die oftmals geäußerte Frage: »Womit habe ich das verdient?« Dahinter steht jene Anschauung, die uns auch in Psalm 73 und vor allem im Buch Hiob in verschiedenen Variationen begegnet: Gott soll Hüter und Garant eines großartigen Vergeltungsmechanismus sein, den man zwar nie ganz durchschaut, der aber in seinen Grundzügen doch funktionieren sollte, ja, funktionieren muss. Wenn es plötzlich mich selbst trifft, dann wankt alles. Wenn ich nicht schuldig bin beziehungsweise mich nicht so schuldig erkenne, dass ich das, was mir geschieht, »verdient« habe, ja, wer ist denn dann schuld? Wer hat mir dann mein Leid verdient? Sind es andere Menschen, ist es am Ende Gott selbst? – Das ist das grandios durchgeführte, erschütternde Thema des Hiobbuches in der Auseinandersetzung Hiobs mit seinen Freunden und am Ende mit Gott selbst.

Es ist hier nicht der Raum, ausführlich auf das Hiobbuch einzugehen. Doch soviel sei gesagt: Die Freunde Hiobs nehmen Gott regelrecht in »Schutz« und schieben folgerichtig Hiob die Schuld zu. Hiob aber hält daran fest, dass er eine Schuld nicht kennt, darum auch keine eingestehen kann. Und so wird er, weil er die Wirklichkeit festhält, zum Ankläger und Herausforderer Gottes, der endlich die Anklageschrift gegen sich sehen möchte. Wirklichkeit steht hier gegen konstruierende Theologie, konkrete Wahrnehmung gegen theoretisch-theologische Erklärung. Wenn man sich das vor Augen hält, dann sollte man das Ende des Hiobbuches aufmerksam studieren. Gott selbst spricht nämlich mit den Freunden, die ihn doch als Gott so sehr in Schutz genommen haben: »Mein Zorn ist entbrannt wider dich und deine zwei Freunde; denn ihr habt nicht recht von mir geredet wie mein Knecht Hiob« – wohlgemerkt: wie der Hiob, der Gott seinen Schmerzens- und endlich seinen Entsetzensschrei entgegenrief, weil er nicht dazu fähig war, die Wirklichkeit zu verleugnen. Er aber, so sagt Gott, hat »recht von mir geredet« (Hiob 42,7). Wie ernst das ist, zeigt sich an der Fortsetzung, da diesen Freunden nur durch die Fürbitte Hiobs geholfen werden kann: »... und mein Knecht Hiob mag für euch bitten; nur seine Fürbitte werde ich annehmen, dass ich euch nicht etwas Schlimmes antue, weil ihr nicht recht von mir geredet habt wie mein Knecht Hiob« (Hiob 42,8). Den Konstrukteuren des Denkens wird nur durch die Fürbitte des Schreienden geholfen. Welch Theologie! Welch Theologen!

Im *pädagogischen Lösungsversuch* wird darauf hingewiesen, dass doch durch Leid viel Positives bewirkt wird. Es gibt zwei grundsätzliche Variationen dieses Gedankens: einerseits der Hinweis auf die »Verhinderung« von womöglich noch viel Schlimmerem, das hätte geschehen können ... andererseits der Hinweis auf die» Förderung« von so viel Gutem, Wichtigem, Wahrem, das ohne dieses Leid nicht geschehen wäre: Geduld, Lebenseinsicht, Reifung, Verständnis für andere, Barmherzigkeit usw. Ja, man kann es auch entwicklungspsychologisch ausdrücken, dass oftmals erst durch Leid in eine festgefahrene Situation, in einen starren Charakter neue Bewegung kommt, so dass die Chance der Reifung erst durch das Leid und die damit verbundene Krise möglich wird.

Im *dualistischen Lösungsversuch* werden wir versuchen, das Gute allein Gott zuzuschreiben, während das Böse, obwohl oftmals menschlich inszeniert, einer dunklen Macht, einem finsteren Prinzip, dem Bösen selbst zugeschrieben wird. Stehen wir nicht alle mitten drin in diesem großen Machtkampf zwischen Licht und Finsternis, zwischen Gut und Böse, oftmals hin- und hergeworfen als Spielball, geradezu als Kriegseinsatz in einem Kampf, der viel größer ist als unser kleines Leben, undurchschaubar?

Biblische Akzente: Neben diese drei geradezu klassischen Lösungsversuche, denen man bis heute in vielen Variationen begegnet, treten in der Bibel noch einige andere Deutungen, auf die ich wenigstens hinweisen möchte. Sie zeigen, wie sorgsam und differenziert man im biblischen Beobachten mit solchen Erfahrungen umgeht. Dabei besteht ein grundsätzlicher Unterschied. Die denkerischen Lösungsversuche tendieren dahin, die verallgemeinernde Schlussfolgerung vor die konkrete Beobachtung zu stellen: Weil es so »allgemein« gilt, darum sollte es auch im Einzelfall so sein. Die biblischen Denkansätze gehen von der Beobachtung des Einzelfalles aus und fragen von daher, wenn überhaupt, sorgsam nach dem Allgemeinen: Weil es in einem konkreten Einzelfall so ist, könnte es nicht auch in einem anderen Fall, ja, ganz allgemein so sein? Der Vorrang des Konkreten vor dem Allgemeinen, vor der Abstraktion erscheint dem Denken als Schwäche. Die Stärke der Bibel aber liegt gerade darin, dass sie dem Leben so nahekommt. Bei den biblischen Aspekten handelt es sich um Ergebnisse konkreter Wahrnehmung, die zwar als Deutungsmodelle gewissermaßen angeboten werden, um bestimmte Aspekte auch des eigenen Lebens und Leidens vertieft zu verstehen. Aber sie werden, zumindest in der Bibel, nicht verallgemeinert:

- Es gibt Leiden als Teil des Gerichtes Gottes, das nicht mich persönlich, wohl aber die Gemeinschaft, in der ich stehe, also meine Familie, mein Dorf, mein Volk usw. betrifft.

- Es gibt Leiden als Teilnahme am Leiden Gottes in der und an der Geschichte unserer Kirche, unseres Volkes, unserer Menschheit.

- Es gibt Leiden als Teil der Lebens- und Dienstberufung, in die mich Gott hineinstellt.

- Es gibt auch Leiden als Stellvertretung, die Gott einzelnen Menschen aufträgt: Stellvertretung für die Welt, für einzelne Menschen, für die Kirche.

Der Stellenwert denkerischer Klärungen: Wenn wir diese »Lösungsversuche« – vor allem die drei klassischen – näher betrachten, dann entdecken wir, dass in allen ein Kern Wahrheit liegt. Was sie zum Ausdruck bringen, das darf uns nicht verloren gehen. Ja manchmal habe ich den Eindruck, dass wir die in ihnen verborgen liegenden Einsichten biblisch vertieft wiedergewinnen und unserer Welt erneut, ja, teilweise dringlich hörbar machen müssten.

- Es ist wahr, dass nur zu oft die böse Tat, die Schuld einen Menschen einholt. Das Leben selbst scheint ihm zu vergelten, was er durch sein Tun dem Leben angetan hat. Es ist wahr, dass ganze Völker von der Schuld ihrer Väter verfolgt und eingeholt werden und dass es nicht gleichgültig ist, in welcher Geschichte man steht! Und doch gibt es eine Grenze, die man nicht überschreiten darf: Obwohl man das da und dort beobachten und geradezu aufweisen kann, ja, im Bereich der politischen Ereignisse und der wirtschaftlichen Umstürze unserer Gegenwart noch viel tiefer aufweisen müsste, ist es eben nicht immer so.

- Es ist wahr, dass durch Leiden manches in Bewegung kommt, dass Leid und Schmerz in ihren Auswirkungen von Menschen als Segen, als ein Geschenk erfahren werden. So schmerzhaft der Weg war, so groß war die Reifung, für die man dann dankbar ist. Was Schmerz, ja, geradezu Böses war, das hat Gott in Segen verwandelt. Und ich denke, dass wir viel mehr noch auch diese biblischen und lebensmäßigen Zusammenhänge im Licht der vergehenden Zeit aussagen und einander unmittelbar zusagen sollten! *Aber – es ist eben nicht immer so.* Die Not lehrt nicht nur beten, sie lehrt immer wieder und heute vielleicht zunehmend das Fluchen!

- Es ist ebenfalls wahr, dass Gutes von Gott kommt, während in vielem Leiden die Nähe des Dunklen, des Bösen geradezu handgreiflich erfahrbar wird. Und auch das sollten wir unter der Anleitung des biblischen Wortes wahrnehmen und beim Namen nennen lernen. *Aber – es ist nicht immer so.*

Gerade das macht ja diese Wege so problematisch. Der kleine Schritt, einzelne und richtige Beobachtungen, die sich zur Deutung von einzelnen Situationen so sehr bewähren, in den Rang von Gesamt-Lösungen zu erheben, scheint so einfach und auch so folgerichtig zu sein. So manches, das sich als »biblisch« ausgibt und auch so aussieht, beruht auf diesem Verkürzungs-Verfahren! Warum sollte das, was so oft gilt, nicht immer gelten? Aus Beobachtungen werden Prinzipien. Dass sie tatsächlich mit Erfahrung gesättigt sind, macht es uns nicht leichter, damit umzugehen. Denn an solchen Verallgemeinerungen wird man immer wieder scheitern. Einerseits widersteht die Bibel in ihrem auf dem konkreten Leben beruhenden Reden und Deuten hartnäckig allen solchen Verkürzungen. Andererseits aber sprengt auch die Wirklichkeit der Not solch einbahnige Lösungsversuche! Biblisches Reden und lebendiges Erleben stehen beieinander, weil beide mit der Wirklichkeit zu tun haben und erst in zweiter Linie mit dem Denken. Es bleibt uns angesichts der konkreten Not unseres Lebens und unserer Welt gar nichts anderes übrig, als diese Lösungswege auf jenen Rang zurückzustufen, den sie haben. Sie sind nur Vorschläge, wie wir einzelne Leidens-Erfahrungen deuten können. Einzelne! Und jeden einzelnen Fall müssen wir erneut prüfen. Antworten sind nie vorgegeben. Sie stellen sich immer erst im neuen Fragen und Suchen und Wahrnehmen ein. Es gibt keine pauschalen Antworten – weder in der Bibel noch im Leben. Wenn man aber die verschiedenen Lösungsversuche nicht als Gesamtlösungen missversteht, sondern in ihrem jeweiligen begrenzten Rang anerkennt und so auch ernst nimmt, dann können sie hilfreich werden. Es mag einem dann ja aufgehen, dass die meisten »Leiden«, die auf Menschen liegen, von allen drei Lösungsansätzen etwas in sich tragen: hinter fast jedem Leid steht auch Schuld des einzelnen Menschen; durchfast jedes Leid kann und wird auch Gutes geschehen; in fast jedem Leid greift auch das Böse nach dem Menschen. So sehr diese drei Lösungswege Hilfe sein können, konkrete Not eines einzelnen Menschen tiefer zu deuten und zu verstehen, so sehr versagen sie in dem Moment, in dem man die Wirklichkeit auf sie verkürzen will.

Das hängt wesentlich damit zusammen, dass es sich bei diesen Lösungsversuchen um denkerische Wege handelt. Was aber hilft es denn einem Menschen, der in tiefem Leid steht, wenn ihm erklärt wird, warum ihn das trifft? Es ist eine notvolle und letztlich hoffnungslose Überschätzung des Denkens, wollten wir die wahren Lebensprobleme auf bloße Denkprobleme reduzieren. Natürlich kann man sich durch das Denken eine Art der Welterklärung zurechtlegen: Wenn ich so oder so handle, dann wird es mir so oder so gehen. Das persönlich erfahrene Leid, das solchen denkerischen Erklärungsversuchen widersteht, hat dann auch die Aufgabe, diese Vorstellung als Illusion zu entlarven und so dem Denken seine begrenzte Bedeutung wieder zurückzugeben. Das Denken braucht das Leiden, um zu sich selbst zu finden. Indem es am Leiden seine Grenzen entdeckt und sein Scheitern erfährt, wird es durch das Leben gesund.

Wenn die Lösung aber nicht durch Denken kommt, wie dann?

3. Die Lösung der Krise

a) Die erweiterte Wahrnehmung

»... bis ich achthatte auf ihr Ende ...« (Vers 17b), so sagt der Beter des Psalmes. Eine verkürzte Optik, die bloß den jeweiligen Moment oder den gerade aktuellen und überschaubaren Prozess des Lebens in den Blick nimmt, wird zunächst geweitet. Des Beters Aufmerksamkeit wird bis auf das »Ende« hin gespannt. – Es sei gleich dazu gesagt, dass auch dieser Lösungsweg für den Psalmbeter nur vorläufig ist, nicht der letzte. Aber er hat trotzdem seine unaufgebbare Bedeutung.

Was zeigt ihm diese vertiefte Wahrnehmung? Der Beter erkennt, dass es lange braucht, ja, dass es bis ans »Ende« gehen muss, damit sich ausgestaltet, wohin die Wege des Gottlosen führen. Die Wege unseres Lebens erhalten ihren Sinn und ihr Gewicht nur von ihrem Ziel her, nicht von ihrem Ausgangspunkt und nicht von ihrem augenblicklichen Zustand. Das Wohlergehen der Gottlosen mag im Moment beeindruckend sein. Ein solcher »Moment« kann sehr, sehr lange dauern. Was hinter solchem Wohlergehen steht, das zeigt sich erst »am Ende«. Der Prophet Jeremia sagt einmal im Namen Gottes einen Satz, der wie in einer Zusammenfassung dieses Geheimnis zum Ausdruck bringt: *»Du musst innewerden und erfahren, was es für Jammer und Herzeleid bringt, den Herrn, deinen Gott zu verlassen und ihn nicht zu fürchten, spricht Gott, der*

Herr Zebaoth« (Jeremia 2,19). Man kann nicht tief genug in dieses Wort hineinhören. Gott wehrt zwar den Menschen, wenn sie sich auf Abwege stellen. Er setzt sich schädlichen Entwicklungen durch sein Wort und seine erfahrbare Gegenwart, durch einzelne Menschen, die er beruft, lange entgegen. Aber er gibt dem Menschen, gibt einem ganzen Volk, ja, gibt sogar seiner Kirche die Möglichkeit, eigene Wege zu suchen und zu gehen und die Furcht Gottes aufzugeben in der Meinung, sie sei der Entfaltung des Lebens hinderlich. Gott gibt dem Menschen Freiheit, sich von ihm zu lösen. Aber es wird im Laufe des Lebens immer deutlicher Gestalt annehmen, aus welchen Wurzeln heraus hier gelebt worden ist.

Zum Geheimnis des Psalmes gehört, dass er auch den Ort angibt, an dem solche Erkenntnis gegeben wird. Die erweiterte Wahrnehmung erhält der Beter in dem Moment, da er das Heiligtum betritt: *»... bis ich eintrat in das Heiligtum Gottes«* (Vers 17). Darin klingt etwas von der tiefen Weisheit der Bibel an. Wir werden noch zu erkennen suchen, was das bedeutet. Der Beter kommt mit seiner Lebensnot Gott nahe. Endlich zerbricht ihm seine – durchaus fromme! – Lebenserklärung. Sie wird ihm zur Denknot. Er begreift überhaupt nicht mehr, was da vor sich geht. Aber es ist doch auch noch mehr als das. Dieser Mensch kann in seiner Not rufen und schreien, kann klagen und sich vor Gott seine tiefe Verzweiflung eingestehen. In der Nähe Gottes erhält er zunächst einen tieferen Blick, als er ihn bisher hatte. Unser Leben hat nicht nur eine Oberfläche, die wir gewöhnlich wahrnehmen: unser Wohlergehen, unser Leiden usw. Es hat auch eine Dimension, die man wohl nur in Gottes Nähe erkennen kann: Wir sind mit der ganzen Welt unterwegs auf ein »Ende« hin.

In dem Augenblick, da ich Menschen, ihr Leben und ihr Ergehen in diesem Licht wahrzunehmen beginne, erscheint mir schon vieles anders. Ich betrachte und beurteile andere Menschen oder auch mich selbst nicht mehr bloß aus den engen menschlichen Möglichkeiten und Begrenzungen heraus, sondern nach den Möglichkeiten Gottes für sie und in ihnen, ja, in mir selbst. Ich entdecke, dass ich mit Gottes Augen Menschen betrachten kann: Was hast du, lebendiger Gott, in diesen Menschen gelegt? Was ist dir noch mit diesem Menschen möglich? Was bedeuten die Wege, die er geht, nicht bloß für ihn, sondern für dich? Bis ins Gericht Gottes hinein hören Gottes Möglichkeiten nicht auf. Ich lasse diesen Gedanken, der einen weitgespannten Aufsatz erfordern würde. Im Zusammenhang des Weges, den der Beter dieses Psalmes geht, ist er nur eine kleine, eine erste Hilfe. Er zeigt aber noch nicht auf die entscheidende Lösung und Wende.

b) Lösung durch »Begegnung«

Es gehört zur Weisheit dieses Psalmes, dass das Entscheidende, nämlich die wirkliche innere Wende des Beters, gar nicht erzählt, sondern nur in seiner Voraussetzung und in seinem Ergebnis geschildert wird. Das aber ist entscheidend! Technische Prozesse sind beschreibbar. Das Entstehen von Leben jedoch bleibt dem Menschen immer verhüllt. Wir können nur staunen und anbeten, wenn es endlich da ist. Die Voraussetzungen sind beschreibbar. Die Folgen sind offenkundig. Wie das Leben entsteht, das bleibt dem Wahrnehmen entzogen.

Die Voraussetzung lautet: *»Es war eine Qual vor meinen Augen, bis ich eintrat ins Heiligtum Gottes ...«* (Vers 17). Für den Beter des Alten Testaments ist das der Tempel in Jerusalem, in dem er leibhaft in die nächste Nähe des lebendigen Gottes tritt – und sie auch erfährt! Der Psalm sagt mit keinem Wort, wie sich diese Begegnung vollzog. Aber hier, in der Begegnung mit Gott, geschieht etwas an diesem Menschen, das sein Leben ändert und auch seine Not beseitigt, obwohl ihm die Not seines Lebens offensichtlich nicht aufgehoben wird, obwohl die Gottlosen nicht bestraft werden und obwohl Gott ihm auch keine gedanklich nachvollziehbare Erklärung anbietet.

Womit hängt das zusammen? Eines der vielleicht tiefsten Worte des Alten Testaments kann uns hier weiterhelfen. Es findet sich beim Propheten Jesaja und ist ein Bekenntnissatz, der aus der reichen Erfahrung Israels mit seinem Gott stammt: *»Fürwahr, du bist ein verborgener Gott, der Gott Israels, ein Erretter«* (Jesaja 45,15). Die Sprache Jesajas ist verdichtet. Jedes einzelne Wort zählt hier. Israel bekennt seinen Gott und anerkennt ihn als seinen Erretter, seinen Heiland. Aber der Weg, den Gott mit seinem Volk geht, zeigt auch, dass er auf diesem Weg seines Errettens »verborgen« ist. Wir Menschen denken es gerne umgekehrt, dass nämlich Gott in seinem heilschaffenden Handeln doch offen, aufgedeckt ist und uns sein Angesicht zukehrt, und dass er uns verborgen in seinem Gericht erscheint. Aber Israel begreift, wenigstens ahnungsweise, dass das so nicht stimmt. Gerade in seinem Heilshandeln verbirgt Gott sich, erscheint wie der Fremde, ja, wie der Richtende selbst.

Was ahnungsvoll vorausdeutend im Alten Testament schon zur Sprache kommt, das wird in Gottes Handeln am Kreuz und in der Auferstehung endlich Wirklichkeit. Gott löst das Leid – aber nicht »offenbar«, nicht »denkerisch«: also weder juristisch, indem er die Schulden gerecht verteilt; nicht pädagogisch, indem er seine Entwicklungs- und Reifungsabsichten bloßlegt; nicht dualistisch, indem er Gut und Böse auf zwei Grundprinzipien verteilt. Gott löst das Leid, indem er es in Jesus auf sich nimmt. Der Sohn wird Mensch, nimmt das Leiden an und stirbt an der Schuld dieser Welt. Er, nicht wir! Seit *er* an unserer Schuld starb, stirbt keiner mehr an seiner Schuld! Seit *er* das Leiden der ganzen Welt trug, erfährt niemand mehr sein eigenes Leiden als erster. Es ist ein immer schon von ihm getragenes Leiden, in das er uns stellt.

Die Schwere des Leidens Jesu besteht nicht in erster Linie in der physischen Tiefe der Schmerzen: andere haben länger gelitten, den Schmerz vielleicht in der Folter tiefer erfahren. Die Schwere des Leidens Jesu bestand auch nicht psychisch in der Tiefe der Angst, der Entfremdung, der Einsamkeit. Wer wollte das behaupten, der die oft bodenlos erfahrene Angst von Menschen kennt? Die Schwere des Leidens Jesu liegt vor allem darin, dass er das Gewicht dieses Leides, der Schuld der Welt in ihrer Entfremdung vor Gott trug, indem er litt an der Grenzenlosigkeit jener Grenze, die den Menschen von Gott trennt; er erlitt die unvorstellbare Einsamkeit, die das innerste Wesen der Sünde betrifft – Einsamkeit ohne Ende, ohne Widerhall: »Mein Gott, mein Gott, warum hast du mich verlassen ...« – so das Wort aus Psalm 22, das Jesus am Kreuz betet (Matthäus 27,46; Markus 15,34). Doch eben: Er betet es! Es ist bei aller Anklage, die darin liegt, in allem Schmerz, in aller Angst des

Leidens dennoch Gebet. Es ist das Gebet dessen, der immer noch vor dem Gott steht, der sich nun zutiefst in die Urgestalt der Sünde und des Fluches verbirgt und gerade so der Erretter Israels, der Heiland der Welt wird. In diesem Handeln, in dem sich der Erretter der Welt verbirgt und die Gestalt des Gegenteils, der grenzenlosen Gottesferne, der äußersten Armut und der echolosen Einsamkeit annimmt, tritt uns erst entgegen, was es heißt, dass dieser Gott der Gott der Liebe ist. Gottes Liebe – in dieser Gestalt! In dieser Gestalt – Gottes Liebe!

Der Beter unseres Psalmes teilt uns nicht mit, was oder wen er im Heiligtum erfahren hat. Die Worte jedoch, die er nun spricht, sind verständlich nur als Frucht einer Begegnung, in der etwas in ihm grundlegend neu wurde. In einer Begegnung wird nicht argumentiert. Es werden, auf der gedanklichen Ebene, keine Probleme gelöst! Es geschieht anderes, wenn sich Begegnung wirklich vollzieht: Altes, Vergangenes wird von uns abgelöst, und eine Beziehung beginnt.

c) Keine »Lösung«, sondern eine »Ablösung« der Frage!

Der Weg des Psalmbeters ist in vieler Hinsicht dem des Hiob sehr ähnlich – trotz aller Verschiedenheit! Der Beter erfährt eine Begegnung, aber er erhält keine Antwort auf seine Frage.

Das ist auch im Buch Hiob so. Als Leser erfahren wir, dass hinter dem Unglück, das Hiob trifft, ein himmlischer Streit zwischen Satan und Gott steht, in dem es um die Ehre Gottes geht: Hiob halte sich doch nur darum zu Gott, weil es ihm dabei gutgehe. Frömmigkeit als bloßes Mittel persönlichen Wohlergehens! Weil Gott das ja auch bestätige, darum könne man nicht sagen, Hiob hätte um Gottes willen an Gott festgehalten. Gott sei ihm doch nur wichtig, weil es ihm um das eigene Wohlergehen gehe – und dafür brauche er Gott. Frömmigkeit sei keineswegs zwecklos, und darum wohl in ihrem Kern sogar gottlos. So der Vorwurf Satans, der keineswegs der Aktualität entbehrt. Um diesen Vorwurf zu entkräften und damit die Ehre Gottes wiederherzustellen, so erfährt der Leser, trifft das Unglück den Hiob.

Zum Besonderen des Buches gehört, dass Hiob zwar die Frage nach diesem ihm so unerklärlichen Hintergrund seines Leidens leidenschaftlich durch den ganzen Bericht hindurch stellt, um endlich verstehen zu können, was da geschieht. Aber er erfährt nie davon, ja, am Ende stellt er, obwohl er kein bisschen mehr davon zu verstehen gelernt hat, seine Frage überhaupt nicht mehr. Man wird fragen, warum das so ist. Wäre es denn nicht sinnvoll gewesen, Hiob über jene himmlische Auseinandersetzung und über die Frage nach Gottes Ehre zu informieren, um ihm wenigstens nachträglich zu zeigen, worum es in seinem Leben gegangen war? Gerade das geschieht nicht! Was bedeutet das? Die Lösung, die Hiob zuteil wird, ist die unmittelbare Begegnung mit Gott. Wenn sie erfahren wird, dann kann es zwar sein, dass Gott auch dem Denken seine Befriedigung verschafft, aber das muss nicht sein. Eine Begegnung wiegt immer schwerer als das Denken! Was in einer Begegnung geschieht, wird durch Denken nie eingeholt. Es hat und behält seine Bedeutung, auch wenn es nicht verstehbar wird und oft nicht einmal wirklich aussagbar ist. Das Hiobbuch zeigt dem Leser, dass die Frage nach der Ursache seines Leides zwar erklärbar und nachdenkbar ist. Aber gleichzeitig sagt es uns, dass eine solche bloß gedankliche Erklärung für den Betroffenen nicht wirklich hilfreich ist. Der Schmerz dieser Frage verschwindet nicht durch Erklärungen. Er wird ruhig in einer erfahrenen Begegnung. Es mag sein, wie es bei Hiob geschieht, dass nun die Frage selbst, die zuvor doch das ganze Leben in Atem hielt, gleichsam ad acta gelegt werden kann. Nicht gelöst, aber was soll das nun? Die vorher so zentrale Verstehensfrage verliert durch die Begegnung ihre Dringlichkeit. Das aber zeigt sich ständig in unserem Leben: Man kann sich vieles denkend zurechtlegen und mit vielerlei Urteilen versehen und absichern. Die Erfahrung echter Begegnung wird solches Denken und Urteilen überholen. Es wird sich als richtig zeigen, auch wenn es nicht verstehbar und auch anderen nicht aussagbar wird.

Eben dies geschieht auch dem Beter von Psalm 73. Es ist, wie wenn die vorher so brennende Frage, von der er glaubte, sie müsse ihm doch unbedingt gelöst werden, ja, die zur Qual seines Lebens wurde, überhaupt nicht mehr existiert.

Sie hat plötzlich ihre Schärfe und ihr Gewicht verloren. Als der Beter ins Heiligtum eintritt, da begegnet er dem lebendigen Gott selbst. Dabei muss an ihm etwas geschehen sein, das er gar nicht mehr mit Worten schildern kann. Wer könnte auch das, was in einer echten Begegnung geschieht, je in Worte fassen? Die Folge dieser Begegnung aber wird sogleich erkennbar. Es scheint dem Beter überhaupt nicht mehr wichtig zu sein, seine Frage beantwortet, sein Problem gelöst zu bekommen! Er hat Gott als den erfahren, der die Schwere des Leides, des unergründlichen, tiefen Leides dieser Welt, auf sich genommen und es selbst durchlitten hat. Gewissheit gibt es aus dieser Begegnung, auch wenn dem Denken die Fragen bleiben.

Der Psalmbeter ist Zeuge davon, dass Gott ihn als fragenden und erschrockenen Menschen in der Begegnung mit ihm von seinen Fragen gelöst hat! Gott schenkt uns so oft keine »Lösung« unserer Fragen, wohl aber unsere »Ablösung« von unseren Fragen.

d) Aus der Begegnung die Beziehung

Im Leid, das über den Menschen kommt, im Zusammenbruch der Welt- und Lebenserklärung, wird etwas in Gang gesetzt. Natürlich hat der Beter des Psalmes Gott auch vorher schon gekannt. Er hatte gebetet, hatte Gott geliebt! Als Glaubender war er immer wieder im Heiligtum, um dort Gott zu suchen. Doch nun erfährt er in seinem Zusammenbruch, wie Gott selbst sich zu ihm herabbeugt und ihm auf eine neue und viel tiefere Weise nahe kommt. Warum es diesen Weg braucht, das bleibt offen – sowohl beim Psalmbeter wie bei uns. Der Schmerz führt zur erneuernden Begegnung, und darin vertieft sich die Beziehung und findet eine Dimension, die sie zuvor nicht hatte.

Wir müssen versuchen, uns vom wohlbekannten Klang dieser Worte einmal frei zu machen. Wie leicht, wie scheinbar tröstlich könnten sie gesprochen werden. Dabei kosten sie doch das Leben! Nein, wer das leichthin nachspricht, hat nicht erfasst, was hier geschieht. Der Psalm endet mit einer geradezu stammelnden Sprache. Es sind keine frommen Worte. Es ist die Sprache der Liebe, einer Liebe, die schon lange da war, die gleichzeitig neu aufbricht und sich vertieft; einer Liebe, in der sich der Mensch als einen zutiefst gebundenen erkennt und der sich darum endlich so frei weiß; einer Liebe, die er nicht gesucht hat, sondern von der er gefunden wurde. Nicht nur etwas in seinem Leben, sondern er selbst ist anders geworden. Mit stockenden Worten umkreist er nun dieses Geheimnis. Aus seiner Rede über Gott wird die stammelnde Anrede an ihn. Aus dem Nachdenken über Gott wird das Reden mit ihm. Das *Er* wandelt sich ihm zum *Du!* Der Beter will zum Ausdruck bringen, was ihm der andere ist, ja, was er selbst ist in dieser Liebe zum anderen; was alles er nun lassen kann, weil er den anderen hat; was alles völlig neu bewertet wird im Leben, weil in dieser Begegnung eine Liebe aufbrach, die von nun an in einer festen Beziehung auch durchgehalten werden kann: »Nun aber ...« – aus dieser in der Begegnung mit dem lebendigen Gott aufbrechenden Liebe, die keine denkerische Frage gelöst hat! –, »nun aber« kann er anders sprechen, anders leben. Und so ist es doch: Wahrhaft leben kann man nur aus jenem »Nun aber«, aus dem solche Worte der Liebe hervorbrechen, die dann durch das Leben eingelöst werden. Hören muss man diese Worte als Worte der Liebe. Nachsprechen kann man sie nur, wenn man von der Liebe so überrascht worden ist, dass man gar nicht mehr anders sprechen kann, ja, gar nicht mehr anders sprechen will!

»Nun aber bleibe ich stets bei dir,
denn du hältst mich bei meiner rechten Hand.
Du leitest mich nach deinem Ratschluss
und nimmst mich am Ende in Ehren an.
Wen hätte ich im Himmel außer dir?
Und wenn ich dich habe,
so wünsche ich sonst nichts auf Erden.
Wenn mir gleich Leib und Seele schwinden,
so bist doch du, Gott, allezeit
meines Herzens Trost und mein Teil.«
Psalm 73,23–26

VI. Die Frage nach dem Wunder

»Dann sagt man Amen dazu« (Matthäus 17,20)

1. Glaube als Recht der Nachfolge

Glaube heißt für das Neue Testament Nachfolge Jesu. Ich werde als Glaubender ein Jünger, ein Schüler Jesu. Ich gehe mit ihm, gehe hinter ihm her. Das bedeutet auch, dass der Glaube zunächst ein Recht ist: Ich gebe das Recht auf die Bestimmung meines Lebens, meines Lebensweges aus der Hand. Wer nachfolgt, der diskutiert nicht an jeder Kreuzung über den rechten Weg.

Das klingt, wenn man es so sagt, einfach und leicht. In der Gemeindearbeit haben wir es aber immer wieder mit Menschen zu tun, die sagen: »Ich glaube.« Aber sie haben das Recht auf ihr Leben nie wirklich aus der Hand gegeben. Sie beten zwar, aber sie beten, damit der lebendige Gott endlich das tut, was sie wollen: »Jesus, ich geh voran auf der Lebensbahn, und du wollest nicht verweilen, mir getreulich nachzueilen.«

Ja, beten wir alle nicht häufig so? Bis Jesus in solcher Nachfolge zupackt und sagt: Du, wie ist das? Wer sagt hier eigentlich zu wem: Folge mir nach!?

2. Glaube als gestaltete Nachfolge

Es kommt ein Zweites hinzu. Nachfolge Jesu wird gestaltet. Glauben bedeutet gestaltete Nachfolge Jesu. Zwei Eckpfeiler dafür stehen fest: Der eine ist Gottes Gebot: Gebote Gottes, die in unserer Zeit durch politische und zeitgeschichtliche Entwicklungen in einem ungeheuren Tempo entleert und als unzeitgemäß auf die Seite gelegt werden, auch mitten in unseren Kirchen. Gottes Gebote aber bewahren, wenn sie recht erkannt und recht bewahrt werden, Menschsein vor dem äußeren und inneren Zusammenbruch.

Niemand darf die Gebote mit ihrem gesetzlichen Missbrauch verwechseln und darum bekämpfen. Israel lobt Gott über seinen Geboten als dem Weg, das von Gott geschenkte Leben zu bewahren.

In diesen Lobpreis stimmen wir als Christen mit ein. Wo das nicht mehr geschieht, da geht Menschsein verloren. Jesus kommt und bindet seine Jünger, seine Kirche zurück an seinen guten Willen für die Menschen, für die Welt.

Zum Gebot aber gehört das Gebet, die einsame und die gemeinsame Zwiesprache mit dem Vater: Lob, Dank, Bitte. Man verstehe das nicht als eine fromme, formelhafte Rede, wie sie da und dort tatsächlich geübt wird. Gebet ist Zwiesprache, ist vertrautes Reden des Kindes, das mit dem vollen Recht des Sohnes beschenkt ist. Das Gebet Jesu mit seinen sieben Bitten, die mit Gottes Anliegen für die Welt und die Geschichte beginnen und danach auch all unsere Anliegen aufnehmen, ist bleibende und immer neue Leitlinie des Betens, des Gespräches.

3. Glaube als Demut

Wir sehen uns, wenn wir zum Glauben kommen, in der Regel einer Frömmigkeitstradition gegenüber, die den Glauben mit der Demut sehr eng verbunden hat. Dahinter steht die biblische Mahnung: »Gott widersteht dem Hochmütigen, dem Demütigen aber gibt er Gnade« (1. Petrus 5,5). Die Erziehung zur Demut und zur Einfalt des Glaubens gehört zur Erziehung Jesu hinzu. Doch dabei ist nicht zu übersehen, dass das Verständnis von Demut einen Wandel durchgemacht hat, der die Kraft dieses Gedankens nur noch schwer vermittelt. Demut – das hat mit Schwäche nichts zu tun. Sie ist nicht der Mut, mit dem der Schwache, der weich und schlapp ist und ohnehin nicht anders kann, einfach folgt. Demut, das ist der Mut dessen, der stark ist und weiß, dass er sehr wohl anders könnte, der sich aber freiwillig – also: frei und willig – unter Gottes Hand und unter Gottes Willen beugt und weiß, dass er damit seine Freiheit im Glauben erwirbt und bewahrt.

4. Glaube und Hoffnung

Die Seite der Demut ist nur *eine* Ausprägung des Glaubens. Verhängnisvoll wird sie dort, wo Menschen unter dem Hinweis auf die nötige Demut vor Gott in ihrer Hoffnung auf Gottes Handeln zurückgebunden werden: »Hoffe ja nicht auf Gott und sein wunderhaftes Eingreifen, sonst bist du hochmütig.« Wer in die Evangelien hineinhört, der vernimmt dort eine andere Stimme. Jesu Erziehung zum Glauben ist merkwürdig spannungsvoll – auf der einen Seite Erziehung zur Demut, auf der anderen Seite und gleichsam nahtlos damit verbunden: Erziehung zur Hoffnung auf Gottes wunderhaftes, alles menschliche Erwarten und Vermögen sprengende Eingreifen.

5. Glaube und Enttäuschung

Einer der wichtigen Hinweise für einen solchen Erziehungsweg Gottes ist jene Szene, als Jesus mit drei seiner Jünger vom Berg der Verklärung herabsteigt (Matthäus 17,14–20). Dort trifft er einen aufgeregten Vater. Während der Abwesenheit Jesu haben seine Jünger versucht, dessen Sohn zu heilen. Das war, wie das Evangelium uns sagt, nichts Neues. Die Jünger waren ja bereits vorher mit dem Auftrag zur Heilung ausgesandt worden, hatten also schon einige Erfahrung in diesem Dienst. Nun aber stehen sie verdutzt neben dem verzweifelten Vater. Ihre Hilfe hat versagt.

Was soll man diesen enttäuschten Jüngern nun raten? Man stelle sich einen solchen Bericht in einem unserer frommen Blätter vor und warte auf die Leserbriefe: falsche Hoffnungen seien da geweckt worden; unverantwortlich sei da auf Heilung gepocht worden; die nötige Demut, Gott diese Heilung ganz zu überlassen, die hätte gefehlt ...

Jesus tritt hinzu. Er sagt keines dieser Worte. Er schimpft mit seinen Jüngern, aber nun nicht, weil sie es versucht haben. Im Gegenteil. Er schimpft, weil es nicht gelungen ist. Und dann heilt er diesen Sohn und schenkt ihn gesund seinem Vater zurück.

Das Evangelium berichtet nun auffallend genau: Da traten seine Jünger zu ihm, als sie allein waren – und zwar einer um den anderen je für sich – und fragten ihn: Du, Herr, warum ist das bei uns nicht gegangen? Woran lag das? Welch Wunder, dass allein schon diese Frage gestellt wird. Man stelle sich solch eine Frage in einer unserer Liturgien oder in einer unserer Kirchenversammlungen vor: Wir wollten in deinem Namen ein Wunder tun – und es ging nicht. Woran lag das?

6. Glaube und Kleinglaube

Jesus antwortet mit einem merkwürdigen Doppelwort. Zunächst sagt er: »Wegen eures Kleinglaubens.« Ich denke, Jesus würde so manches, was wir heute Demut nennen, als Kleinglauben scharf attackieren. Wieviel sogenannte christliche Demut ist im Grunde Härte gegen das, was Gott tun will, Verhärtung gegen Gottes Verheißung und gegen Gottes Maß, das er der Gemeinde gesetzt hat: Verhärtung im Gewand der Demut. Nur dann darf Glauben Demut genannt werden, wenn wir in der Spannung, im Trotzdem, Gottes Maß der Hoffnung festhalten können.

7. Glaube und Senfkorn

Das macht Jesus klar, wenn er weiter sagt: »Wenn ihr Glauben habt wie ein Senfkorn ...« Das Senfkorn, das Jesus da meint, ist eines der vielen winzigen Samen, die in einem einzigen Senfkorn verborgen sind. Etwa 700 bis 1 000 Stück sollen ein Gramm wiegen. Und doch wächst aus diesem winzigen Samen in der feuchtwarmen Gegend ein Strauch, ja, ein Baum, der eine Höhe von drei bis vier Metern erreicht. Dieses »Missverhältnis« zwischen einem derart winzigen Ansatzpunkt des Wachstums und der unerhörten Frucht ist der Vergleichspunkt, auf den Jesus hier aufmerksam machen will: Seht – Glauben braucht ihr –, so klein wie ein Senfkorn! Jesus hat nie von einem großen Glauben gesprochen. Warum? Weil wir sonst um unseren großen Glauben ringen würden.

Wir würden uns den Puls unseres Glaubens messen, nach dem Erfolg unseres Glaubens suchen und unseren Glauben dann daran messen. War das die Not der Jünger, dass sie die Heilung von ihrem Glauben erwarteten, als ob es sich dabei um einen verfügbaren »Besitz des Glaubens« handeln würde?

Tatsächlich scheint es so, dass manche Bewegung unter uns Christen darauf ausgerichtet ist, den Glauben der Christen »groß« zu machen. Da wird zwar davon gesprochen, dass Gott groß sei, aber die Erwartungen richten sich dann versteckt eben gar nicht an ihn, sondern an den Glauben. Und wenn »es« dann nicht klappt, dann war wohl eben zuwenig Glauben da?! Jesus hat nie so gesprochen. Das ganze Neue Testament tut das nicht. Jesus hat nicht zu einem großen Glauben erzogen, sondern zu einem Glauben, so groß oder so klein wie ein Senfkorn.

8. Gott in seinen Möglichkeiten beim Wort nehmen

Was heißt aber dann Glauben? Ich nehme Gott ernst in dem, was er tun kann und tun will. Nichts anderes. Man kann es eigentlich nur betend sagen: »Lieber Vater, nun nehme ich heute dich und deine Möglichkeiten ernst für diese Situation, in der wir stehen, in die ich da hineingeraten bin. Wenn ich auf mich und meine Möglichkeiten sehe, dann ist es zum Verzweifeln. Aber ich will nicht auf meine Möglichkeiten sehen, sondern auf dich. Und dann darf mein Glaube getrost winzig, unscheinbar, unvollkommen und unbeholfen sein. Dann darf ich stammeln und stocken. Dann darf mein Glaube so winzig wie ein Senfkorn sein: in keinem Verhältnis zu dem, was in dieser Situation nun nötig wird und worum ich dich auch jetzt bitte. Aber in diesem Glauben weiß ich und bekenne vor dir: Mit einem Wort hast du Himmel und Erde gemacht. Sprich du jetzt dein Wort hinein in diese Not, in diese Sorge – und dann ist es genug. Denn dein Wort bringt die Kraft mit, das zu tun, was geschehen muss. Wenn du es sagst, dann geschieht es. Was du rufst, das wird.« – Und dann? Dann sagt man nach solch einem Gebet einfach »Amen«: Amen – so ist es!

9. Nichts wird euch unmöglich sein!?

Jesus fügt seinem Wort vom Glauben aber noch einen wichtigen Satz hinzu, der in dieser Art einzigartig in der ganzen Bibel ist: »Wenn ihr Glauben habt so ›groß‹ wie ein Senfkorn, dann könnt ihr zu diesem Berge sagen: Heb dich dorthin ... und nichts wird euch unmöglich sein.« »Nichts wird unmöglich sein ...« Eine solche Aussage darf man im Grunde nur von Gott machen. Jesus hat das auch genau gewusst: Ihm – Gott – wird nichts unmöglich sein (vgl. Matthäus 19,26 u. a.). Alles andere wäre Gotteslästerung. Und doch sagt Jesus nun das nicht von Gott, sondern von den Glaubenden: »Nichts wird euch unmöglich sein.« Wer hat den Mut, diesen Satz heute noch zu wiederholen? Treten wir damit nicht Gott zu nahe? Maßen wir uns damit nicht etwas an, das uns nicht zusteht? – Und doch: Jesus hat seine Jünger dahin erzogen, ja, sagt ihnen als den Glaubenden selbst diesen Satz nachdrücklich zu.

10. Glaube in der Spannung

Ob wir die Spannung empfinden, die in dieser ungeheuren Aussage Jesu liegt? Auf der einen Seite die Demut, die ja gerade nicht preisgegeben, sondern durchgehalten wird: Glaube ist nur ein Senfkorn. Er ist nicht etwas Großes, das ich irgendwie vorweisen könnte! Glaube ist im Grunde bittere Armut und in der ständigen Anfechtung, so arm und so angewiesen zu sein.

Und doch ist Glaube gerade darin Glaube, dem nichts unmöglich ist. Er wird zum Glauben, der nur noch eines kann: Mit Gott und seinen Möglichkeiten rechnen, sich für sie öffnen, auf sie warten, an sie appellieren. Vater, da musst jetzt du herein und dein Schöpfungswort sprechen, damit Neues geschieht! So ist Glaube Erziehung zum »Wunder«, zur Offenheit aus der eigenen Armut heraus, zur Offenheit auf Gottes Möglichkeit zur Liebe und zur Hilfe, die menschlich nicht machbar ist.

11. Wir brauchen beides

Ja, zur Erziehung Jesu in der Nachfolge gehört beides:

Demut, die um die Kleinheit, die Armut auch des eigenen Glaubens weiß und sie immer tiefer annimmt. Die eigenen Hände werden je länger je mehr geleert. Die Enteignung geht immer tiefer und scheint kein Ende zu nehmen.

Hoffnung, weil meine leeren Hände, ja, mein leeres Herz und sogar mein leerer Glaube keinerlei Urteil über Gottes Hände, über Gottes Herz und über Gottes Glauben enthalten. Herr, ich habe nichts, was ich jetzt noch bitten, ja, vielleicht nicht einmal mehr etwas, das ich glauben könnte, weil die menschliche Kraft meines Glaubens an ihr Ende gekommen ist. Aber du, du kannst. Und ich habe nur noch dich.

Dort, wo diese beiden zusammentreten: Demut im Blick auf die eigene Armut und Entleertheit, Hoffnung im Blick auf Gott und seine Möglichkeiten, dort ergreift uns nun auch Jesu Satz: »Nichts wird euch unmöglich sein.« Dass wir ihn doch als jenen Spitzensatz begreifen und ergreifen, den unser Herr über die Nachfolge seiner Jünger gesetzt hat: hinein in die spannungsvolle Einheit von Demut und Hoffnung, die weder auf die eine noch auf die andere Seite hin aufgelöst werden darf.

12. Christsein – ohne Wunder?

Dieser Satz müsste uns Christen und unserer Kirche zum Stachel in unserem Fleisch werden. Christsein ohne Hoffnung kann es nicht geben: Hoffnung, dass Gott Möglichkeiten schaffen kann, wo unsere Augen keine mehr sehen; Hoffnung, dass Gott Wirklichkeiten schaffen kann, wo unsere Vorstellung und unsere Erfahrung längst ans Ende gekommen sind; Hoffnung, dass Gott Wege öffnen kann, wo wir nur noch das Ende sehen; Hoffnung, dass Gott ins Leben rufen kann, wo wir nur noch Tod und Sterben sehen; Hoffnung, dass Gott sein Wort einlösen wird, auch wenn alle menschlichen Stimmen, ja, sogar die Stimme des eigenen Herzens, das Gegenteil bezeugen ...

13. Ein Rätsel bleibt

Im Grunde sind wir mit solchen Aussagen noch immer nicht beim genauen Wortlaut dessen, was Jesus sagt. Glaube wie ein Senfkorn, so verstehen wir nun, hat in sich keine Kraft. Darum muss er auf Gott und seine Kraft sehen und es ihm zutrauen, was er von sich selbst nicht erwarten kann. Und doch sagt es Jesus etwas anders. Er spricht ja gerade nicht davon, dass Gott nichts unmöglich ist. Er schreibt dieses »Unmöglich« den Glaubenden selbst zu: »Euch wird nichts unmöglich sein.« Das ist, obwohl es so aussehen mag, kein Widerspruch. *Wer weiß, dass ihm nichts mehr möglich ist und er nur noch mit Gott und seinen Möglichkeiten rechnen kann, dem ist nichts unmöglich.* In dieser Spannung soll nun geglaubt und gelebt und gebetet und im Namen Gottes in dieser Welt tapfer gehandelt werden.

14. Was bleibt uns nun?

Glauben, zu dem Jesus erzieht, birgt die Hoffnung auf Gott in sich und richtet sich an ihm immer neu aus. Darum ist Glaube ohne Hoffnung nicht möglich. Hoffnung aber ist kein menschliches Maß, sondern ein Maß, das wir immer neu an Gottes Herzen zu gewinnen haben. Darum ist dieses Wort Jesu Anfrage und Stachel. Wieviel Glauben gibt es, der sich gerade dieser Hoffnung nicht stellt, weil wir uns an unserem Maß ausrichten und Gott auf unser Maß zurückholen wollen. Ja, am Ende meinen wir noch, dass das Demut sei. Was bleibt uns nun? *Wir müssen unsere Hoffnung verlieren, die eigenmächtig ist. Und wir müssen jene Hoffnung wieder suchen, die gottesmächtig ist.*

VII. Die Frage nach Gottes Trost

»Gott führt als guter Hirte« (Psalm 23)

»Der Herr ist mein Hirte,
mir wird nichts mangeln.
Er weidet mich auf einer grünen Aue
und führet mich zum frischen Wasser.
Er erquicket meine Seele.
Er führet mich auf rechter Straße
um seines Namens willen.
Und ob ich schon wanderte im finstern Tal,
fürchte ich kein Unglück;
denn du bist bei mir,
dein Stecken und Stab trösten mich.
Du bereitest vor mir einen Tisch
im Angesicht meiner Feinde.
Du salbest mein Haupt mit Öl
und schenkest mir voll ein.
Gutes und Barmherzigkeit werden mir folgen mein Leben lang,
und ich werde bleiben im Hause des Herrn immerdar.«
Psalm 23

1. Die spannungsvolle Bilderwelt des Psalmes

Jeder von uns kennt diesen Psalm wahrscheinlich sehr gut. Und jeder von uns hat seine eigenen Gedanken, seine eigenen Bilder, die er mit diesem Psalm verbindet. Je mehr ich über ihn nachdenke, desto mehr staune ich, wie vielfältig die Bilder sind, die der Psalmbeter hier vor uns stellt. Was klingt hier nicht alles in uns an. Man kann sich immer tiefer in diese Vorstellungswelt versenken, sie aber nie ausschöpfen. Der Reichtum eines solchen Bibelwortes übersteigt unser Denken weit.

Teilweise scheint es, die Bilder des Psalmes würden sich sogar widersprechen. Vom stillen Wasser ist da die Rede, von einer sanften Weide – Bilder also, die Gott in seiner Güte beschreiben, mit der er sich um seine Menschen sorgt.

Doch dann: vom finsteren Tal wird gesprochen, von Feinden, in deren Angesicht der Beter sein Brot essen muss. Auch damit also hat Gott zu tun: mit den dunklen Seiten unseres Lebens, mit den Nöten und Sorgen. Ja, wenn man tief genug hineinhört in die Worte, die da zu uns gesagt werden, dann kann man es vielleicht lernen: In einem Leben, das mit Gott gelebt wird, liegen die hellen und die dunklen Wegstrecken nicht so auseinander, wie wir sie vielleicht gerne auseinanderhalten möchten. Sie sind kunstvoll zusammengefügt. Nicht nur das eine. Nicht nur das andere. Am Ende beides miteinander, ja, beides füreinander? Hören wir diesem Beter zu.

2. Nicht Gedanken, sondern Leben

Zunächst: Der Beter legt uns hier keine Gedanken vor. Es ist nicht so, dass er sich nach langem, anstrengendem Nachdenken eine Theorie des Lebens zurechtgelegt hätte. Gedanken allein haben ja in Notsituationen unseres Lebens wenig Kraft. Sie können vielleicht manches erklären. Aber damit trösten sie noch nicht. Dieser Mensch aber ist einen Weg gegangen. Auf diesem Weg hat er in guten und in notvollen Stunden Gott in seiner Wirklichkeit erfahren. Es ist der Gott der Bibel. Als solcher steht er noch heute in der Mitte Israels, in der Mitte der christlichen Gemeinde. Er ist anrufbar, ja, mehr noch: als solcher ruft er uns, Sie und mich. Und darum spricht der Psalmbeter hier auch als Zeuge.

3. Der hier spricht, dem ist die Not nicht unbekannt

Es gehört zum grundlegenden Wirklichkeitssinn der Bibel, dass sie Gott und die Not nie voneinander trennt. Die Menschen der Bibel, die uns von Gott und seinem Handeln Zeugnis geben, haben Gott immer mitten in der Not erfahren, nicht jenseits von ihr. Und von Not ist hier die Rede. »Und ob ich schon wanderte im finsteren Tal …«, so sagen es unsere Übersetzungen. Die hebräische Sprache, in der dieser Psalm geschrieben ist, ist in ihrer Bildhaftigkeit in der

Regel kraftvoller. So spricht sie hier vom »Tal der Todesschatten«. Es ist der Tod, der in mancherlei Dunkelheiten seine Schatten mitten in unser Leben vorauswirft. In vielen Formen: in seelischer und in körperlicher Not, in Angst und Sorge, in Trennung und Verlust, in Enttäuschung und Verzweiflung, in all dem also, was unser Leben wie ein Vorbote des kommenden Sterbens trifft. Welches Bild! Der Tod trifft uns nicht plötzlich. Er wirft seine Schatten bereits jetzt mitten in unser Leben hinein, damit wir bereits jetzt mit ihm umgehen lernen. Und das weiß dieser Beter. Er spricht vom Angesicht der Feinde, vor denen man sein Essen, sogar sein Festessen einnehmen muss. Die Freude wird geschenkt, aber nicht dadurch, dass die Feinde aus dem Leben genommen werden. Sie bleiben gegenwärtig gerade da, wo uns von Gott selbst der »Tisch gedeckt wird«.

Das ist es, was mir die Bibel so lieb macht. Hier wird nicht ein Weg zu Gott gezeigt, auf dem wir Menschen zuerst von den Nöten unseres Lebens wegsehen müssten, um dann Gott zu finden: irgendwo jenseits der Ängste, die uns belasten. Nein, das ist das Aufregende: Gott gehört mit der Erfahrung unserer Wirklichkeit ganz eng, ja unlösbar zusammen.

4. Gott wird erfahren – mitten in der Not, nicht jenseits von ihr

Wenn der Beter vom Tal der Todesschatten spricht, dann tut er es nicht in klagendem Ton. Hören wir nur genau hinein in die altbekannten Worte: »Und ob ich schon wanderte im finsteren Tal, so fürchte ich kein Unglück, denn du bist bei mir ...« Gerade in der Not, nicht vor oder neben ihr, hat er Gott erfahren. Gott bewahrt mich nicht vor dem Tal der Todesschatten. Er geht mit mir in diese Täler hinein und leitet mich dort, macht mich in diesen Nöten und Dunkelheiten seiner Gegenwart gewiss. Dass Gott mich begleitet und mich nicht allein lässt, das kann ich ohne die Nöte meines Lebens gar nicht lernen. Ich erfahre es erst in ihnen.

Wie geschieht das? Auch hier lohnt es sich, in den Wortlaut und in die Bilder des Psalmes sehr genau hineinzuhören. Vom Stecken und vom Stab spricht der Beter. Sie »trösten mich«, so drückt er es aus. Stecken und Stab, was bedeutet das?

Welche Aufgaben haben sie? Der Beter kennt die Bilder aus dem Hirtenleben. In den dunklen Schluchten der Wüste Juda liegen die lebensnotwendigen Wasserstellen tief unten. Die Herde muss immer wieder auf abschüssigen und gefährlichen Wegen in die Tiefe steigen, um dort zum lebensnotwendigen Nass zu finden. Geschah das nach Anbruch der Dunkelheit, dann brach die Nacht derart herein, dass man die Hand nicht mehr vor den Augen sah. Der steile Weg wurde noch gefährlicher. Aber er musste gegangen werden. Die Quellen des Lebens findet man nur auf diesem Weg. Stecken und Stab werden nun zum Trost. Sie leiten durch ihren Druck, ja, durch ihren Schlag auch in der Dunkelheit. Mit der metallenen Spitze kann der Hirte antreiben, wenn das nötig ist. Mit dem Haken holt er das Tier, das am Abstürzen ist, vom gefährlichen Abhang wieder auf den begehbaren Weg zurück. Stecken und Stab bohren sich, wenn es sein muss, durch das schützende Fell. Und doch ist der Schmerz ein Zeichen, dass der Hirte noch da ist, dass er einen Absturz nicht zulassen will. Er sieht noch, auch wenn ich nichts mehr sehe. Er führt, auch wenn ich keinen Weg mehr erkenne. Er kümmert sich um mich. Ihm liegt an mir. Sonst würde er mich nicht auch unter Schmerzen zurückhalten, zurückholen. Muss man hier viel deuten? Kaum. Was hier im Bild gesagt wird, trifft unser Leben. Würde Gott uns laufen lassen, so wären wir ihm gleichgültig geworden. Die Schmerzen, die er uns gerade in der Not und Dunkelheit einzelner Wegabschnitte zufügt, lernen wir als Zeichen seiner Nähe, seiner Bewahrung zu verstehen, ja, seiner Nähe und Sorgsamkeit. Es ist der Weg zum lebensnotwendigen Wasser, auf dem er uns so führt, wohl nur so führen kann.

Das andere Bild. Im Angesicht der Feinde hat Gott dem Beter den Tisch gedeckt, den Becher voll eingegossen. Auch dies ist Anlass zum staunenden Bedenken. Gott nimmt weder uns von unseren Feinden, noch unsere Feinde von uns. Mitten in all den Anfeindungen jedoch deckt er uns den Tisch, zeigt uns seine Liebe, seine Huld. Der hebräische Satz ist stark, ist bildhaft: Den Becher schenkt Gott nicht bloß voll ein, sondern so, dass er überfließt. Gottes Schenken kennt keine Grenzen, auch wenn er die »Umgebung« nicht verändert.

5. Das Du Gottes muss man lernen

Auch das gilt es in diesem Psalm gut zu beachten. Es ist die Not, in der der Beter zu Gottes Du findet: »... denn *du* bist bei mir.« Geglaubt hat er vorher auch. Glaube gibt es in so mancher Gestalt, in mancher Tiefe. Wie sollte es anders sein? Der Glaube, von dem die Bibel spricht, ist ein persönliches Verhältnis, das ein Mensch zu Gott gewinnt. Es ist geradezu aufregend, wie die Bibel jeder Verallgemeinerung widersteht. Gott – so allgemein? Das geht in der Bibel nicht. Wird von ihm, dem Herrn der Welt, gesprochen, dann wird eben auch von mir gesprochen, von Ihnen, von jedem von uns. So wird gesprochen, dass wir mit ihm zu tun bekommen. Und dann werden wir herausgefordert, ob wir denn diese Worte nachsagen können: »Der Herr ist *mein* Hirte ...« Das eigene Leben wird da eingesetzt. Sonst ist es nichts mit dem Glauben. Und trotzdem gibt es auf diesem Wege Höhepunkte. Oder sollten wir lieber sagen: Tiefpunkte? Dass Gott einem so nahe kommt, ja, dass man lernt, zu Gott du zu sagen, dazu braucht es immer wieder die Tiefe, die Dunkelheit: »Du bist bei mir ...« Es ist uns Menschen notwendig, dass wir diesen Satz buchstabieren. Nicht so nebenbei, sondern mit dem Gewicht unseres ganzen Lebens, unserer Not, unserer Schwachheit und Verzweiflung. Jedes Wort erhält sein Gewicht, erhält der Reihe nach seine Betonung:

Du – *Du* bist mein Hirte!
mein – *Mein* Hirte bist du!
Hirte – Mein *Hirte* bist du!
bist – Mein Hirte *bist* du!
du – *Du* bist mein Hirte!

6. Auch die Fülle wird erfahren

Nach der Not, nach der Erfahrung Gottes, nach dem Finden des unmittelbaren, persönlichen Verhältnisses zu Gott kommt nun auch jenes andere: die Fülle, die Gott schenkt.

Dem Beter gehen die Worte aus, die Bilder werden gesprengt. Kein Mangel, nur grüne Weide. Der Wasserquell, das frische Wasser. Wer Palästina und seine Wasserknappheit kennt, die die Existenz der Herden ständig bedroht, der kann eher ermessen, welcher Jubel hinter diesen Bildern des Psalmes steht. Ein Schaf hat kein eigenes Orientierungsvermögen. Um Nahrung und Weg zu finden, ist es auf die Leitung durch einen Hirten angewiesen. Das ist es, was hinter diesem Bild an Weisheit und Erfahrung steht. Soll man es wirklich nüchterner sagen? Die Fülle, die Gott seinen Menschen gibt, das ist einmal die Nahrung, die äußere und innere Versorgung zu einem Leben, das wirklich lebenswertes Leben ist. Doch das allein macht es nicht aus. Wir brauchen auch die Führung unseres Lebens, ja, wir sind tiefer auf sie angewiesen, als wir vielleicht meinen. Das soll hier nicht weiter ausgeführt werden. Jeder von uns wird merken, dass auch hier der Widerhaken steckt. Nahrung, äußere und innere Versorgung, Leben in einer inneren Lebensfülle, die Erfüllung wird ... Aber das ist nun so eng damit verbunden, dass wir geführt werden, dass wir es aufgeben müssen, unsere Wege selbst zu suchen. Wer lässt sich schon gerne die Selbständigkeit nehmen? Wer hält das für wünschenswert? Doch das gehört mit zum Hirtendienst, von dem hier als dem Grundbild des Glaubens gesprochen wird. Leben und Fülle – ja! Aber auf Wegen, die er führt!

7. Die rechte Reihenfolge

Wir hätten wohl gerne eine andere Reihenfolge. Wir möchten mit der Fülle beginnen: Gott als Garant der Nahrung und des Weges, der Bewahrung und der Fürsorge. Wer die Wege, auf denen Gott selbst geht und die er sein Volk, seine Kirche und seine Menschen führt, näher bedenkt, der weiß es anders. Halten wir das durch, was uns dieser Psalm deutlich machen will:

Durch viel Not führt Gott seine Menschen. Die Not erweist sich immer wieder als Weg, Menschen zur Begegnung mit ihm zu führen. Begegnung mit Gott kann man verpassen. Sie will aber zum persönlichen Verhältnis hinleiten, die unseren Glauben erst und immer neu zum biblischen Glauben werden lässt. Und darin erfährt nun der Glaube die Fülle, die Gott schenkt. Not führt zur Begegnung, Begegnung zur persönlichen Beziehung, zum Bekenntnis und so zur Fülle.

Ja, wir Menschen tun uns schwer damit. Wir möchten gerne von hinten, also mit der Fülle, einsetzen. Wir möchten die Fülle ohne Abhängigkeit, ohne die bedrängende Nähe Gottes, ohne die Not, in die ein Leben geführt wird, wenn Gott ein Leben begleitet. Aber das geht nicht.

Nun müssten wir miteinander tief in die biblische Geschichte hineinsehen. Ich mute es Ihnen zu, hier weiterzudenken. Wer durch schwere persönliche Not gegangen ist, der wird empfindsam: Warum ich? Warum mit mir?

Doch wer spricht hier mit uns? Jesus hat davon gesprochen, dass er selbst der gute Hirte ist, der seine Menschen recht führt. Als Hirte aber ist er selbst in das dunkle Tal des Todes hineingegangen, in das ihn kein Hirte mehr begleitet hat. Die tiefste Not, die keiner von uns tragen muss, ja, tragen kann, ist hier von ihm getragen worden. Der, der uns auch schwere Wege führt, ist derselbe, der die Schwere unserer Wege immer schon auf sich genommen und immer schon getragen hat, bis hin zum Tod am Kreuz. Welche Tiefe wird uns hier anschaubar! Alle Not, die wir tragen, ist immer schon eine getragene Not. Kann uns das zur Hilfe werden? Der »Gott, der Lasten auf uns legt, doch uns mit unsren Lasten trägt«, will von uns angerufen sein. In seinem Namen steht die Macht auch über unsere Dunkelheit, über unsere Not.

8. Weiterdenken ...

Der Psalm ist damit noch lange nicht »ausgedacht«. Vielleicht können Ihnen folgende Bemerkungen helfen, wenn Sie sich weiter mit diesem Psalm beschäftigen wollen.

- Der Psalm spricht in Bildern. Bilder aber muss man »sehen«, nicht denken. Nehmen Sie ruhig Ihre Phantasie zu Hilfe und versuchen Sie, sich die Bilder vorzustellen: die Weide, die Wasserquelle, das dunkle Tal, die Herde ...

- Der Psalm spricht persönlich. Er will nicht so sehr unser Denkvermögen ansprechen, sondern zur persönlichen Erfahrung verhelfen. Ich darf ihn darum sehr persönlich formulieren: *Ich* bin geführt, *ich* bin geleitet, *ich* bin begleitet ... Schreiben Sie sich doch den Psalm ab, indem Sie ihn mit Ihrem Namen schreiben.

- Der Psalm spricht auch von Gott sehr persönlich. Auch ihn kann man nicht »ausdenken«, sehr wohl aber erfahren. Man kann sich das betend deutlich machen, indem man bewusst diese persönliche Seite verstärkend zum Ausdruck bringt. »Ja, Vater, *du* bist wirklich mein Hirte ... *du* führst mich wirklich ...« Die Worte der Bibel wollen betend angeeignet sein. Auf diese Weise werden sie sich dann auch dem Verstehen neu öffnen.

Der Psalm enthält weitere »Bilder« beziehungsweise bildhafte Züge, in die man sich versetzen und die man für sich vertiefen kann. Der letzte Vers z. B. enthält zwei solcher Bilder:

- »Gutes und Barmherzigkeit werden mir folgen ...«, sagt der Psalmbeter. Er wählt für »folgen« jedoch ein Wort, das nicht das Folgen im Sinne eines Hinterherlaufens meint, sondern das »Verfolgen«, das Nachhetzen. Wahrscheinlich ist das bewusst so ausgedrückt, um im Bild des Hirten und der Herde zu bleiben. Man mag an die Hunde des Hirten denken, die hinter den Schafen her sind, um sie auf den rechten Weg zu treiben. So also setzen uns auch diese Hirtenhunde Gottes ein Leben lang nach, um uns ja nicht aus den Augen zu verlieren: Gottes Güte, die er uns schenken will; Gottes Barmherzigkeit, mit der er uns zugetan ist und uns trägt.

  Es tut gut, wenn man sich das sehr bildhaft vor Augen hält. Nicht wir sind es, die auf unseren Wegen dem Guten, der Barmherzigkeit »nachjagen« wie die Hunde. Gott selbst ist es, der uns auf unseren oft so falschen Wegen nachjagt mit Güte und Barmherzigkeit, ob er uns wohl einholen möchte.

- »Im Hause des Herrn zu bleiben ...« Auch das ist biblische Sprache. Damit drückt der Beter das aus, was wir etwa unsere Sehnsucht nach einer tiefen, vielleicht allerletzten Geborgenheit nennen würden. Endlich heimkommen! »Haus des Herrn ...«, damit ist für den alttestamentlichen Menschen der Tempel in Jerusalem gemeint. Gott nahe sein, mit ihm zu tun haben, ohne seine Nähe bedrängend, beengend zu erfahren. Es ist so, wie es Jesus im Gleichnis vom jüngeren Sohn sagt: Die Nähe des Vaters erschien ihm zunächst als unerträgliche Bedrückung. Die einzige Möglichkeit war die Flucht. Erst auf dem Weg durch die Tiefe wurde sie ihm zum Ort seiner Sehnsucht, zum Ziel seiner Heimkehr, zu den ersehnten Armen des Vaters. So machte er sich auf, hin zum Vater. Und er? Er hat ihn immer schon erwartet, mit ausgebreiteten Armen. Heimkommen!

9. In neuen Sprachen, in neuen Bildern

Der Psalm 23 wurde vielfach in moderne Sprachen und in neue Sprachbilder übersetzt, die etwas vom unerschöpflichen Reichtum der biblischen Sprachwelt weiterstrahlen lassen. So fragten Bibelübersetzer, die unter den Eskimos lebten, wie sie den inneren Gehalt dieses Psalmes in die Eskimosprache übertragen könnten. Herden und Hirten, das war ja den Eskimos unbekannt. Sie fragten zunächst in die biblische Vorstellungswelt zurück. Was ist denn am biblischen Bild des Hirten das Entscheidende? Und: Wo und wie begegnet uns in unserer Kultur etwas, das damit vergleichbar ist? Das Ergebnis ist eindrücklich genug. Hirte – das ist jemand, der die ihm anvertrauten »Wesen« zu Nahrungsplätzen führt, ja, sich selbst verantwortlich für sie weiß. Mehr: Es ist jemand, der im Notfall auch sein Leben für sie hingibt. Wo aber kommt das in der Kultur der Eskimos vor, die weder Herden noch Hirten kennen? Die Antwort war leicht gefunden. Und so lautet der Anfang unseres Psalmes in der Eskimo-Vorstellung: »Der Herr ist meine Seehundmutter ...«

Vielleicht kann die moderne Nachdichtung der Japanerin Toki Miyaschina manches davon erhellen, ja, gar zu eigenen Versuchen anregen:

»Der Herr gibt mir für meine Arbeit das Tempo an.
Ich brauche nicht zu hetzen.
Er gibt mir immer wieder einen Augenblick der Stille,
eine Atempause, in der ich zu mir komme.
Er stellt mir Bilder vor die Seele,
die mich sammeln und mir Gelassenheit geben.
Oft lässt er mir mühelos irgend etwas gelingen,
und es überrascht mich selbst,
wie zuversichtlich ich sein kann.
Ich merke: Wenn man sich diesem Herrn anvertraut,
bleibt das Herz ruhig.
Obwohl ich viel zuviel Arbeit habe,
brauche ich doch den Frieden nicht zu verlieren.
Er ist in jeder Stunde da und in allen Dingen,
und so verliert alles andere sein bedrohliches Gesicht.
Oft, mitten im Gedränge,
gibt er mir ein Erlebnis, das mir Mut macht.
Das ist, als ob mir einer eine Erfrischung reicht.
Und dann ist der Friede da
und eine tiefe Geborgenheit.
Ich spüre, wie meine Kraft dabei wächst,
wie ich ausgeglichen werde
und mir mein Tagewerk gelingt.
Darüber hinaus ist es einfach schön zu wissen,
dass ich meinem Herrn auf der Spur bin
und dass ich, jetzt und immer,
bei ihm zu Hause bin.«

VIII. Die Frage nach der Ungerechtigkeit in unserer Welt

»Beides miteinander wachsen lassen«
(Matthäus 13,24–30.36–43)

Vorbemerkung: Die folgende Arbeit ist ein Versuch, nicht mehr. Auf dem Hintergrund zeitgeschichtlicher Beobachtungen wird danach gefragt, auf welchen exegetischen und auch politischen Hintergrund die Erzählung des Gleichnisses vom Unkraut unter dem Weizen zur Zeit Jesu anspielen könnte. Darum werden auch hermeneutische Voraussetzungen für den Umgang mit alttestamentlichen Texten übernommen, die für die Zeit Jesu innerhalb des Judentums vorauszusetzen sind, z. B. die Einheit des Jesajabuches, das Zusammendenken weit auseinanderliegender Texte, die Bekanntheit exegetischer Traditionen usw. Mir ist bewusst, dass es dabei nur um einen tastenden, fragenden Entwurf, nicht um ein wissenschaftliches Ergebnis im strengen Sinn gehen kann. Doch – welch »wissenschaftliches« Ergebnis ist mehr als ein tastender Entwurf?

Bei der vorliegenden Arbeit handelt es sich um einen Vortrag vor Gemeindegliedern. Ihnen sollte die Sinnhaftigkeit solch biblisch-theologischer Fragestellung und die Fruchtbarkeit zeitgeschichtlicher Arbeit gerade für die aktuelle Auslegung eines Bibeltextes nahegebracht werden, indem ihnen nicht die wissenschaftliche Arbeit selbst vorgestellt, sondern eher ihr mögliches Ergebnis dargelegt wird. Insofern handelt es sich um einen exemplarischen hermeneutischen Versuch: Im geduldigen Bemühen, einen biblischen Text soweit wie möglich aus seiner zeitgeschichtlichen Einbettung heraus zu verstehen, erweist er sich selbst auch für die Gegenwart eminent aktuell, ohne im Verlauf der Auslegung von der Gegenwart her aktualisiert werden zu müssen. Nicht der Mensch ist es, der mit den Fragestellungen der Gegenwart den Bibeltext »aufzuschließen« hat. Der Bibeltext erweist sich in solchem Hören selbst als der, der uns Menschen unsere Gegenwart in ihrer vielschichtigen Problematik »aufschließt« und deutet.

A. ZEITGESCHICHTLICHE EINLEITUNG: JESU BOTSCHAFT VON DER HERRSCHAFT GOTTES

1. Die Verkündigung Jesu

Die Gleichnisse Jesu, die Matthäus in seiner Gleichnisrede (Kapitel 13) zusammenstellt, haben in der Tradition den Namen» Himmelreichsgleichnisse« erhalten: »Das Reich der Himmel ist gleich ...« (24.31.33.44.45.47; vgl. 11.19.). In diesen Gleichnissen wollte Jesus dem Volk und den Jüngern in Bildern, in Vergleichen zeigen, wie Gottes Herrschaft kommt, *wie* sie sich mitten in der Geschichte unserer Welt durchsetzt, zu *welchem* Ziel sie kommen wird.

Nach dem Zeugnis der ersten drei Evangelien war die Verkündigung des »Himmelreiches«, der »Königsherrschaft Gottes«, geradezu Zentrum der Predigt Jesu: »Die Zeit ist erfüllt, und die (von den Propheten vorher verkündete) Königsherrschaft Gottes bricht nun endlich herein.« – Das ist die Voraussetzung, auf die hin die große Einladung erfolgt: »Kehret um – kommt heim zu Gott als eurem Vater! – und glaubt so an das Evangelium!« (Markus 1,15; vgl. Matthäus 4,17).

2. Das Urbild der Hoffnung Israels auf Gottes Königtum

Hinter diesem Wort Jesu steht die Hoffnung, von der die Propheten des Alten Testamentes gesprochen hatten, vor allem Jesaja: Einmal wird die Zeit erfüllt werden, dann wird Gott kommen und alle Herrschaft, die Mensch und Welt zerstören, entthronen, hinwegfegen, entmachten. Und dann wird Gott allein König sein (Sacharja 14,9). Die älteste Formulierung, die dies aussagt, steht im Bericht über den Auszug Israels aus Ägypten (2. Mose 15). Menschlich gesehen war der Kampf Israels gegen das übermächtige Ägypten so ungleich, so aussichtslos. Ja, er mutete geradezu lächerlich an. Wie soll sich ein solches Sklavenvolk gegen die hochgerüstete Militärmacht dieser Welt durchsetzen, über sie triumphieren? Und versteckt kündigt sich die Frage an, die die Zeiten durchzieht: Wie soll sich denn Gott mit einem solchen Volk als der König erweisen, der über die hochgerüsteten Könige dieser Welt dennoch den Sieg davonträgt? Gott – mit einem solchen Volk, mit einer solchen Gemeinde, mit solchen Menschen? Als nun das Volk Israel auf seiner Flucht bis zum Meer geführt und damit der äußersten Ausweglosigkeit preisgegeben wird, da erfährt es, dass Gott Macht hat, seinen Sieg durchzusetzen: zur Befreiung des Volkes, zum Triumph über die Feinde. In diesem Moment stimmt Mirjam jenes Lied an, an dessen Ende es, gleichsam als Zusammenfassung, heißt: »Der Herr ist König, wird König sein immer und ewig« (2. Mose 15,18). Hier bricht also jenes Grundwort Israels erstmals auf: Gott tritt seine Königsherrschaft sichtbar an – zur Befreiung des Volkes, das er sich erwählt hat, zur Herstellung des Rechtes, zur sichtbaren Überwindung all dessen, was sich ihm in den Weg stellt.

Das Volk Israel hat in diesem Ereignis des Auszuges aus Ägypten ein Vorbild für das kommende Handeln Gottes gesehen. So wie Gott bereits einmal seine Hand erhoben hat, so wird er sie auch ein zweites Mal wieder erheben. Darum feierte man ja das Passahfest Jahr für Jahr: als Erinnerung an die erfahrene Befreiung, aber auch als Hoffnung auf die kommende befreiende Tat Gottes.

3. Die machtpolitische Ausgestaltung dieser Hoffnung

Nun nahm diese Hoffnung einen merkwürdigen, ja, scheinbar doppelten Weg, der uns direkt in die Zeit Jesu führt und uns in gewisser Weise bis heute begleitet. Im Vorbild des Exodus, des Auszugs aus Ägypten, dem Triumph über den Pharao liegt so viel politischer Zündstoff, dass es nicht verwundert, dass dieses Ereignis für alle politischen Befreiungsideen zum wichtigsten Vorbild wurde. Schon der Freiheitskampf der Makkabäer gegen die syrischen Machthaber (2. Jahrhundert v. Chr.) lebte aus diesem Vorbild, aus dieser Erfahrung! Genauso waren die Freiheitsideen der Zeloten, die zur Zeit Jesu das Land in den Kampf gegen die Römer führen wollten, ja, später sogar zum bewaffneten Kampf riefen, der 70 n. Chr. zum Untergang Jerusalems führen sollte, an diesem Vorbild des Exodus orientiert. Hatte Mose nicht verheißen, dass Gott dem Volk einen Propheten wie ihn erwecken werde (5. Mose 18,15)? »Wie mich«, hatte Mose gesagt, also wohl einen politischen Führer, der »Zeichen der Befreiung« tun und so in den Aufstand gegen die heutige Weltmacht, die Römer, führen wird. Es ist verständlich, dass der Ausdruck »Königsherrschaft Gottes« einen tiefen politischen Klang bekam. War das nicht biblisch? So wie Gott gegenüber Pharao sein König-Sein bewiesen hatte, so wird auch jetzt sehnlich erwartet, dass er seine Herrschaft antritt. Wer zur Zeit Jesu also vom Anbruch der »Königsherrschaft Gottes« sprach, ja, sogar behauptete, dass diese Herrschaft durch ihn, durch seinen Dienst jetzt kommen werde, der stand von Anfang an in Verdacht, zu jenen politischen Aufrührern zu gehören. Und jener Verdacht wurde endlich auch zum Vorwurf an Jesus, für den er ans Kreuz musste: »Jesus von Nazareth – der König der Juden«, so lautet die Inschrift auf dem Kreuz, die den Grund für seinen Tod angab (Johannes 19,19).

4. Der Dienst des »Freudenboten«

Nun aber gibt es noch eine zweite Linie der Hoffnung, die ebenso von Gottes König-Sein spricht, aber in einer ganz anderen Weise. Soweit wir sehen, war diese Hoffnung zur Zeit Jesu viel weniger populär, aber Jesus kommt in seinem Dienst ganz von ihr her. Der Prophet Jesaja spricht von einem »Freudenboten«, einem »Evangelisten«, wie die griechische Übersetzung lautet: »Wie lieblich sind auf den Bergen die Füße des Freudenboten (Evangelisten), der Frieden verkündet, gute Botschaft (Evangelium) bringt, der Heil verkündet, zu Zion spricht: Dein Gott wurde König!« (Jesaja 52,7).

Man muss diesen Vers sehr genau lesen, um ihn in seiner Bedeutung für den Dienst Jesu zu verstehen. Wenn Gott einmal seine Herrschaft als König antreten wird, wenn also die Hoffnung Israels endlich, endlich in Erfüllung gehen wird, dann wird ein Bote, ein Evangelist auftreten, der Frieden verkündet, gute Botschaft (Evangelium) bringt, der Heil und Rettung verkündet. Und der Grund für diese umfassende Friedens- und Heilsbotschaft liegt darin, dass

Gott endlich seine Herrschaft als König antritt und durchsetzt. Es ist fast genau der Wortlaut der Botschaft Jesu, der hier bei Jesaja schon angesagt ist. Wer also zur Zeit Jesu Jesaja las (und wer kannte ihn von der gottesdienstlichen Synagogenlesung her nicht?) und auf diesen Herrschaftsantritt Gottes wartete, der musste nach einem Boten, den Gott aussendet, Ausschau halten. Er würde also den Anbruch der Königsherrschaft Gottes mit solchen Worten ankündigen.

Nun muss man sehen, dass all diese Begriffe – »Königsherrschaft Gottes«, »Heil«, »Frieden«, ja, sogar »Evangelium« – politisch verstanden werden können. Ja, dieses Verständnis liegt von der alttestamentlich-biblischen Geschichte her unmittelbar nahe. Dann sieht man im erwarteten Boten also einen politischen Prediger, der ein »politisches« Evangelium bringen wird: Frieden, gute Botschaft, ja, ebenfalls Heil beziehungsweise Rettung sind Begriffe, die im ursprünglichen Sprachklang durchaus politisch, befreiungstheologisch gemeint sind. Zusammen mit der Erinnerung an Gottes Herrschaftsantritt zur Zeit des Mose ergibt sich ein heilstheologisch-politisches Konzept.

Aber so einfach ist das auch wieder nicht. Wenn man schon bei Jesaja diesen Vers liest, dann liegt es nahe, zunächst in derselben Schriftrolle weiterzulesen. Gibt Jesaja selbst weitere Hinweise, wer dieser Bote sei, der diese Botschaft bringt? Es könnte ja irgend jemand mit einer solchen Friedensbotschaft kommen, der sich diesen Anspruch bloß anmaßt. Wie kann man den rechten Boten von möglichen falschen Boten unterscheiden? Tatsächlich gibt Jesaja wenige Kapitel später darüber Auskunft. Da spricht nämlich jener »Evangelist« (dasselbe Stichwort!) selbst und nennt die Merkmale seines Dienstes, an denen er dann auch erkennbar sein wird: »Der Geist Gottes des Herrn ruht auf mir, dieweil mich der Herr gesalbt hat. Er hat mich gesandt, den Elenden frohe Botschaft (Evangelium) zu bringen« (Jesaja 61,1). Was diese beiden Bibelworte (Jesaja 52,7 und Jesaja 61,1) miteinander verbindet, das ist dasselbe Stichwort: Evangelist beziehungsweise Evangelisieren. Nach den hermeneutischen Grundregeln, die in der Antike gelten, sind zwei Textstellen mit demselben Stichwort gemeinsam auszulegen. Sie beleuchten sich gegenseitig. Aufgrund des gleichen Stichwortes ist es also in den Ohren der Hörenden zur Zeit Jesu klar, dass es sich hier um eben jenen Boten handelt, der den Anbruch der Königsherrschaft Gottes verkünden wird. Aber woran erkennt man ihn denn? Auch diese Antwort wird in Jesaja 61,1f klar gegeben: an seinem Tun, das in Einheit mit seiner Botschaft steht: »Er hat mich gesandt ... zu heilen, die gebrochenen Herzens sind, den Gefangenen Befreiung zu verkündigen und den Gebundenen Lösung der Bande, auszurufen ein Gnadenjahr (umfassendes Vergebungsjahr) des Herrn ...« Heilung, Befreiung (aus den Fesseln der Schuld), Lösung der Bande (aus den Fesseln des Todes beziehungsweise den Fesseln dämonischer Mächte), so hat man zur Zeit Jesu diesen Vers verstanden.

Und in diesem Sinn liest Jesus an jenem Sabbat in Nazareth diesen Text den Menschen vor, setzt sich und sagt: »Heute ist diese Stelle erfüllt vor euren Ohren« (Lukas 4,21). Damit ist zweierlei klar: Jesus ist der Freudenbote! Seine Botschaft aber wird nicht von befreienden Taten im Sinn einer politischen Befreiung begleitet. Seine Sendung bringt eine dem Menschen helfende, ihn heilende, ihn befreiende Botschaft, zu der die Zeichen der Heilung, der Befreiung, der umfassenden Erlösung hinzutreten (vgl. all die Wundertaten Jesu, bei denen es sich ausschließlich um helfende, heilende Taten handelt, niemals um Zerstörungs- oder Strafwunder wie in der Exodusgeschichte).

5. Jesus in seinem Umfeld

Diese lange Einleitung sollte uns hellhörig machen für den zeitgeschichtlichen Hintergrund dessen, worum es beim Begriff »Herrschaft Gottes« geht, der in diesen Gleichnissen Jesu nun auftaucht. Jesus gebraucht dieses Wort ganz im Sinne Jesajas. Aber dieselbe Vorstellung wird zur Zeit Jesu ebenfalls von den politischen Befreiungsgruppen, den Zeloten, vorausgesetzt. Die Evangelien lassen noch deutlich erkennen, dass dieses andere Denken bis über den Tod Jesu hinaus auch im Jüngerkreis noch vorhanden war. »Wir aber hofften, er sei es, der Israel erlösen sollte«, sagen die Emmausjünger (Lukas 24,21, wobei zu bedenken ist, dass das Wort »erlösen« in der Sprache der Bibel einen starken politischen Klang haben kann). Ja, sogar am Himmelfahrtstag fragen die Jünger, als Jesus von der kommenden Ausgießung des Heiligen Geistes spricht: »Herr, stellst du in dieser Zeit für Israel das Reich wieder her?« (Apostelgeschichte 1,6). Jesus aber hat, soweit wir das in den Evangelien sehen, solchen Anfragen immer widerstanden (z. B. in den Zeichenforderungen, hinter denen die Anfrage steht, ob er der politisch verstandene Prophet wie Mose ist, den man aufgrund von 5. Mose 18,15 als den kommenden Führer im Befreiungskampf gegen Rom erwartet hat. Besonders deutlich zeigt Johannes 6,1–15, dass Jesus dieses politische Verständnis abgelehnt hat).

Mit dieser Einleitung haben wir eine erste wichtige Antwort auf die Frage nach dem Reich Gottes erarbeitet: Worin besteht im Sinne der Botschaft Jesu das Reich Gottes, seine Herrschaft? Die Antwort muss lauten: nicht in einer machtpolitischen Durchsetzung des Königseins Gottes im Sinne eines Befreiungskampfes, zu dem die Zeloten aufriefen, sondern darin, dass Gott in seiner heilenden, befreienden, vergebenden Gegenwart den Menschen nahe kommt und sie heimruft. Man wird das nicht im Sinn des modernen Individualismus missverstehen dürfen, obwohl doch auch hier zunächst der einzelne gerufen wird. Und so hören wir die Botschaft Jesu vielleicht etwas voller:

»Die Zeit ist erfüllt ...« – die Zeit also, die der Prophet angekündigt hat.

»Die Herrschaft Gottes / der Himmel ist nahe« – die heilende, befreiende, lösende und vergebende Gegenwart Gottes.

»Kehrt um« – d. h. kommt jetzt nach Hause in die Arme dieses Vaters! Und wie tut man das?

»Glaubt dem Evangelium« – glaubt dieser guten Botschaft und lasst euch mit eurem ganzen Leben, mit eurem inneren und eurem äußeren Vermögen, auf diese Botschaft ein.

6. Wie kommt die Herrschaft Gottes?

Damit haben wir etwas vom Umfeld gesehen, das hinter dem Gleichniskapitel der Evangelien (Markus 4 und Matthäus 13) steht, in dem Jesus von diesem Reich Gottes in Bildern spricht. Nun fällt aber auf, dass Jesus in diesen Gleichnissen gerade nicht inhaltlich auf diesen Begriff eingeht. Keines der Gleichnisse spricht definierend davon, worin die Herrschaft Gottes besteht. Das ist auch gar nicht ihre Absicht. Sie klären zwei ganz andere Fragen, nämlich einmal: Wie kommt denn diese Herrschaft Gottes? – und dann weniger betont: Was fordert sie vom Menschen?

Hören wir auch diese beiden Fragen auf dem Hintergrund jener Zeit. Die Anhänger der Zeloten, also die religiös-politisch orientierten Freiheitskämpfer, sagten klar: Das Reich Gottes kommt, wenn wir Menschen uns dafür einsetzen. Wie es bei Mose war, so wird es auch unter uns zugehen: Ein einzelner berufener Mann trat im Namen Gottes gegen den politischen Machthaber auf. Und so trat das kleine Volk Israel im Glauben gegen die militärische Übermacht an. In dem Moment, da Gott ihren Glauben ansah, der sich in menschlichem Tun zeigte, da stellte sich Gott hinter dieses Tun der Menschen und bestätigte es, indem er den Kampf zum Heil für Israel führte (vgl. Pinehas in 4. Mose 25,6–13 als Vorbild; daneben die Qumran-Essener, die mit einem Kampf in der Endzeit rechneten, bei dem Israel den Krieg führen und von Engelmächten direkt unterstützt werden wird; die Kriegsrolle 1QM).

Es ist, wie wenn Jesus mit seinen Gleichnissen unmittelbar auf diese Vorstellung eingeht. Aber seine Antwort lautet anders. Wie kommt die Herrschaft Gottes? Sie kommt »wie ein Samenkorn, das jemand ausstreut. Und dann geht es auf und wächst ... Das Reich Gottes kommt wie ein Sauerteig, den eine Frau unter drei Scheffel Mehl (36 Liter Mehl!) mengte (und dann wartete), bis er ganz durchsäuert ist. Mit dem Reich Gottes ist es so, wie wenn ein Mensch den Samen in die Erde wirft und schläft und aufsteht Nacht und Tag, und der Same sprosst und wird groß, er weiß selbst nicht wie« (Markus 4,26ff). – Also sichtlich das Gegenteil dessen, was die Zeloten verkündeten. Die Herrschaft Gottes setzt sich selbst durch, wo sie Menschen findet, die ihr Raum geben. Aber menschlich lässt sich nichts zwingen. Das Reich Gottes wird nicht gezwungen, wird nicht organisiert. Es wächst. Nicht die Menschen führen mit ihrem weltlichen, politischen oder gar frommen Tun das Reich Gottes herbei, sondern Gottes Reich selbst sucht sich seine Menschen, seine Kinder.

7. Was fordert die Herrschaft Gottes?

Was aber fordert Gottes Herrschaft? Mitglied der Zeloten zu sein, das war eine Sache, die den Einsatz des ganzen Menschen verlangte! Wer als einer der ihren erwischt und damit des Hochverrats überführt wurde, auf den wartete das Kreuz. Tausende von Menschen sind zur Zeit Jesu gekreuzigt worden. Und so vermutet man, dass es sich in der Bevölkerung zur Zeit Jesu wie ein Sprichwort herausgebildet hat: Wer zu den Zeloten gehört, der kann ja gleich sein Kreuz auf sich nehmen und zur Hinrichtungsstelle wandern. Es ist nur noch eine Frage der Zeit, bis man ihn erwischt. – Und wieder hören wir natürlich den Anklang an das Reden Jesu: Jesus hat von denen, die mit ihm kamen, nichts weniger als eben dies verlangt: »Wer nicht sein Kreuz auf sich nimmt und folget mir nach, der kann nicht mein Jünger sein« (Matthäus 10,38 und par.). Dieselbe Aussage aber wird auch in den Gleichnissen vom Reich Gottes in diesem Kapitel wiederholt: Wer das Reich Gottes findet, das Kostbarste, der findet es wie einen Schatz im Acker, wie eine kostbare Perle. Die Freude, das gefunden zu haben, ist so groß, so unendlich, dass sie dazu führt, dass man alles, was man hat, dahingeben kann, um diesen Schatz, diese Perle zu gewinnen. Die Aufgabe von allem, das Dasein für Gott und seine Herrschaft von »ganzem Herzen, von ganzer Seele, von ganzem Vermögen« (5. Mose 6,4; vgl. Matthäus 22,37 par.) ist jedoch kein Gesetz, kann nie bloße Forderung sein, sondern nur jubelnder Ausdruck dessen, der gefunden hat, was sein eigenes Leben weit übersteigt: »In seiner Freude ging er hin und verkaufte alles, was er hatte ...« (Matthäus 13,44). Die ganze Hingabe eines Lebens kann immer nur »Selbstverständlichkeit« sein, immer nur Frucht dessen, was man gefunden hat, Folge dessen, dass man gefunden worden ist. Keine »Bedingung« ist das, sondern eine »selbstverständliche« Frucht!

B. JESU GLEICHNIS VOM UNKRAUT UNTER DEM WEIZEN

Nun wenden wir uns dem Gleichnis vom Unkraut unter dem Weizen zu, aus dem der Titel unserer Betrachtung stammt. In ihm kommt die Frage, wie Gottes Herrschaft anbricht und sich in unserer Welt durchsetzt, in einer besonderen Weise zur Sprache.

»Ein anderes Gleichnis legte er ihnen vor und sprach: Mit dem Reich der Himmel ist es wie mit einem Menschen, der guten Samen auf seinen Acker säte. Während aber die Menschen schliefen, kam sein Feind und säte Unkraut mitten unter den Weizen und ging weg. Als aber die Saat aufsprosste und Frucht brachte, da erschien auch das Unkraut. Es kamen aber die Knechte des Hausherrn hinzu und sprachen zu ihm: Herr, hast du nicht guten Samen auf deinen Acker gesät? Woher hat er denn das Unkraut? Er aber sprach zu ihnen: Ein feindseliger Mensch hat dies getan. Die Knechte aber sprachen zu ihm: Willst du denn, dass wir hingehen und es zusammenlesen? Er aber sprach: Nein, damit ihr nicht etwa beim Zusammenlesen des Unkrauts zugleich mit ihm den Weizen ausrauft. Lasst beides zusammen wachsen bis zur Ernte, und zur Zeit der Ernte werde ich den Schnittern sagen: Lest zuerst das Unkraut zusammen, und bindet es in Bündel, um es zu verbrennen; den Weizen aber sammelt in meine Scheune.« (Matthäus 13,24–30)

Soweit also das Gleichnis, das Jesus erzählt – und zwar, wie die Evangelienüberlieferung bemerkt, in der Öffentlichkeit. Später, da er sich von den Menschen in den engeren Jüngerkreis zurückzog, erklärt er ihnen auf Anfrage dieses Gleichnis näher:

»Dann entließ er die Volksmenge und kam in das Haus; und seine Jünger traten zu ihm und sprachen: Deute uns das Gleichnis vom Unkraut des Ackers. Er aber antwortete und sprach: Der den guten Samen sät, ist der Sohn des Menschen, der Acker aber ist die Welt; der gute Same aber sind die Söhne des Reiches, das Unkraut aber sind die Söhne des Bösen; der Feind aber, der es gesät hat,

ist der Teufel; die Ernte aber ist die Vollendung des Zeitalters, die Schnitter aber sind Engel. Wie nun das Unkraut zusammengelesen und im Feuer verbrannt wird, so wird es in der Vollendung des Zeitalters sein. Der Sohn des Menschen wird seine Engel aussenden, und sie werden aus seinem Reich alle Ärgernisse zusammenlesen und die, die Gesetzloses tun; und sie werden sie in den Feuerofen werfen: da wird das Weinen und das Zähneknirschen sein. Dann werden die Gerechten leuchten wie die Sonne in dem Reich ihres Vaters. Wer Ohren hat, der höre!« (Matthäus 13,36–43)

In der Auslegung von Gleichnissen geht man sinnvollerweise davon aus, dass Gleichnisse eine Hauptaussage haben. Gleichnisse sind keine Allegorien, bei denen jedes Element des Bildes einem Wesenszug der Wirklichkeit entspricht. Und doch ist dort, wo die Hauptaussage eines Gleichnisses klar ist, immer noch sorgfältig weiterzufragen, welche Bildelemente diese Hauptaussage stützen, deuten und so die Wirklichkeit erhellen. Der folgende Versuch fasst das Gleichnis nicht als Allegorie auf, geht aber davon aus, dass sich die meisten Bildelemente geradezu als Schlüssel für unser Verstehen zeigen können.

1. Woher kommt denn unsere Not?

Das Bild, das Jesus zeichnet, spricht für sich: ein Feld, auf dem der Weizen keimt und wächst. Doch mitten darin wächst auch Unkraut. Es war eine Zeit, in der das heute übliche qualitativ hochstehende und unkrautfreie Saatgut noch nicht bekannt war. Ein Weizenfeld, und darin eine Unmenge an Unkraut. Was Jesus damit ausdrücken will, ist klar. Es ist ein Bild für unsere Welt, es mag ein Bild für Vorgänge in unserem Umkreis, ja, in unserem eigenen Leben sein. Dort, wo bestes Bemühen um den Menschen ist, steht plötzlich auch das Böse da, greift um sich, und kein Mensch weiß, wie es dazu hat kommen können. Mitten in besten Reform- und Erneuerungsbestrebungen zeigt sich plötzlich das Böse und Zerstörende, vor dem wir hilflos stehen. Es war alles gut gemeint, und doch scheint es das Zerstörende in sich zu enthalten.

Die erste Antwort, die wir hier, durchaus in Übereinstimmung mit der ganzen Bibel, erhalten, lautet: »Während die Leute schliefen, kam sein Feind und säte Unkraut dazu mitten unter den Weizen und ging davon.« Natürlich hat das Böse und Zerstörende immer auch seine menschliche Seite. Man kann auf den oder jenen Menschen zeigen, der das oder jenes versäumt hat. Wenn das oder jenes zuvor gesehen oder bedacht worden wäre, dann hätte sich dies sicher nicht ereignet. Das Böse hat immer eine menschliche Dimension, ist menschliches Versagen, menschliche Schuld, ja, kann über individuelles Versagen weit hinausgreifen auf das Gebiet gesellschaftlicher Strukturen, die den Möglichkeiten der Menschen schier entgleiten. Doch obwohl die Bibel diese menschliche Seite sieht und auch genau benennen kann, bleibt sie in ihrer Frage nach dem Bösen nie beim Menschen stehen. Sie spricht von jenem »Feind«, der als der Urheber des Bösen auch hinter all dem steht, was menschlich oder gesellschaftlich-strukturell an Ursachen zu benennen ist.

Die tiefste Wurzel unserer Not, so sagt dieser erste Zug des Gleichnisses, liegt nicht im Menschen, sondern steht hinter ihm. Der Feind, der bekämpft werden muss, ist zutiefst nicht der Mensch, sind nicht die menschlichen und weltlichen Strukturen der Ungerechtigkeit, sondern der Böse selbst.

2. Worin besteht die Not?

Auch dazu liegen im Bild wichtige Auskünfte. Man könnte sich denken, mit dem Unkraut würde man am leichtesten fertig, wenn es in dem Moment, in dem es aufkeimt, auch schon ausgerissen würde. Das aber ist bei dem Unkraut, von dem Jesus hier spricht, kaum möglich. Wir werden davon später noch reden. Als Unkraut erweist es sich erst relativ spät. Jesus sagt das auch sehr genau: »Als aber die Saat sprosste und Frucht brachte, da zeigte sich auch das Unkraut.« Gemeint ist, dass sich das, was da wächst, erst in dem Moment als Unkraut erweist, in dem es den Fruchtansatz aus dem Halm treibt. Vorher gleicht es dem Weizenspross zum Verwechseln. Derselbe Anfang, beides wächst, beides steht nebeneinander. Und doch nimmt nun das Unkraut dem Weizen, der als die wahre Saat gemeint und gesät war, Kraft und Licht und Wasser zum Wachstum weg.

Wir werden natürlich an unsere Wirklichkeit, die damit gemeint ist, denken: an unsere Gesellschaft, an unsere Kirche, ja, an unser eigenes Leben. Wieviel wächst doch da heran! Am Anfang ist es sehr undeutlich, was das ist. Ist das eine menschenfreundliche Institution in der Gesellschaft? Ist das Erneuerung oder Erweiterung des Glaubens innerhalb unserer Kirche? Ist das Vertiefung meines Glaubens und Erweiterung, Gesundung meines eigenen Inneren? – oder sind das bloß Nachäffungen dessen, was Gott tun will? Nachäffungen, die den Keim der Zerstörung in sich tragen?

Damit wird auch etwas von der Not, sich in dieser Welt zu orientieren, klar. Sichtbar wird ja der Unterschied zwischen echten Ansätzen zur Erneuerung und jenen anderen dynamischen Aufbrüchen, die sich störend und zerstörend auswirken, nicht so schnell, auch in unserem eigenen Leben nicht. Viele Urteile, die schon ganz am Anfang da und dorthin deuten und feststellen wollen, dass dies Unkraut sei, jenes sicher Weizen, fallen in der Regel zu schnell. Das Gleichnis ist viel vorsichtiger: »(Erst) als die Saat sprosste und ihren Fruchtansatz zeigte, da erwies es sich als Unkraut« – so kann man diesen Vers deutend übersetzen. Das Urteil braucht Zeit, denn erst in einer gewissen Ausreifung erweist sich Unkraut als Unkraut! Erst dann ist ein Urteil erlaubt. Dann ist es auch gefordert.

3. Die Reaktion der Knechte

Es erstaunt ein wenig, dass diese Knechte bei der Entdeckung des Unkrauts nicht sofort ein Notprogramm entwerfen. Unkraut war ja nicht unbekannt, die Knechte hatten doch Erfahrung. Liegt hierin ein Zug der Gleichniserzählung, in dem Jesus die Wirklichkeit des damaligen Landwirtschaftsbetriebes verfremdet, um auf diese Weise auf seine Aussage hinzuweisen? Was tun die Knechte?

Einige Beobachtungen dazu: Zunächst greifen die Knechte nicht zu eigenen Ideen, entwerfen keine eigenen Strategien in Unkrautbekämpfung, sondern suchen das Gespräch mit dem Herrn des Feldes. Denn er ist nicht nur Herr des Weizens. Er ist auch der Herr des Unkrauts! Wir haben einen Herrn – fragen wir doch ihn!

Die erste Frage, die sie ihm stellen, ist jedoch keine Frage nach einer möglichen Strategie, sondern die Frage nach der Herkunft: »Woher hat er denn das Unkraut?« Es ist, wie wenn die Knechte begreifen: Bevor man Strategien entwickelt, muss man das Problem kennen. Anders ausgedrückt: Bevor man pragmatisch nach Hilfen und Abhilfen sucht, muss man analytisch nach den Ursachen und den Dimensionen des Problemes fragen. Die pragmatische Frage, wie denn geholfen und der Not abgeholfen werden kann, ist nicht die erste!

Die zweite Äußerung der Knechte besteht in einem Strategie-Vorschlag, der dem Herrn gemacht wird: Wir könnten hingehen, um das Unkraut auszureißen. Der Vorschlag hat viel Einleuchtendes an sich. Wenn doch der Unterschied zwischen dem, was von Gott herkommt, und dem, was vom Bösen kommt, soweit deutlich geworden ist, soll man dann nicht mit Mut und Entscheidungskraft die klare Trennung vollziehen? Welchen Sinn kann es haben, weiter zu warten?

Noch eine Beobachtung scheint wichtig: Die Knechte legen die ihnen mögliche und sicher auch einleuchtende Strategie ihrem Herrn zur Entscheidung vor. Sie fragen: »Willst du nun ...?« Der Unterschied zwischen dem Herrn und den Knechten wird nicht verwischt. Das betrifft vor allem den Entwurf und die Durchführung von Strategien. Die Knechte machen einen Vorschlag, unterstellen ihn aber sofort dem Urteil dessen, der der Herr des Ackers, also sowohl Herr des Weizens wie des Unkrauts ist.

Auch da sollten wir näher fragen, was das für die verschiedenen Lebenskreise, in denen wir stehen, bedeutet:

- für unsere gesamte gesellschaftliche Situation und die politischen Entscheide, die uns da abverlangt werden;

- für unsere kirchliche und theologische Situation, in der z. B. die Frage, ob das Christentum wirklich den einzigen Weg über Jesus zu Gott hin zeigt, höchst umstritten und weitgehend nicht mehr akzeptiert ist;

- für unsere ganz persönliche Lebenssituation, in der wir stehen und uns mit dem Bösen in seiner ganzen verwirrenden Gestalt auseinanderzusetzen haben.

Was bedeutet es also, dass der erste Weg der Knechte der Weg zum Herrn des Feldes ist, auf dem das Unkraut wächst? Dass das zunächst also nicht »unser« Feld ist, sogar dann nicht, wenn dieses Unkrautfeld unser eigenes Leben wäre? Wir haben einen Herrn. Fragen wir doch ihn! Was bedeutet es angesichts der vielen praktischen Ratschläge und der vielen Methoden im psychologisch-seelsorgerlichen Bereich bis hin zum Bereich des Gemeindeaufbaus, dass die Frage nach dem »Woher« unserer Not die erste Frage ist, aus der dann die Methodik erst langsam gezeigt werden kann? Ja, was bedeutet es endlich, dass Knechte zwar die Möglichkeit des Strategie-Vorschlages haben, ihren Herrn aber immer noch als Herrn anerkennen und fragen: *»Willst du ... «?* Ja, was bedeutet das im Spannungsfeld zwischen christlicher Resignation, die vor den Nöten weitgehend die Augen verschließt, und christlichem Aktivismus, der Methoden entwickelt und anpreist und dabei in Gefahr steht, die Wirksamkeit solcher Methoden bereits für ihren Wahrheitserweis zu halten?

4. Die Unmöglichkeit der Trennung

Der Herr im Gleichnis sagt zur menschlich einleuchtenden Trennungs-Strategie klar und deutlich nein. Er sagt es aber nicht ohne Begründung. »Nein, damit ihr nicht, indem ihr das Unkraut zusammensucht, zugleich mit ihm den Weizen ausrauft.«

Dazu eine Erklärung. Das Unkraut, von dem hier gesprochen wird, sieht im ersten Stadium des Wachstums dem Weizen täuschend ähnlich, so wie sich ja auch bei uns dynamische, geistig-religiöse Bewegungen in ihrem Anfangsstadium sehr schwer bewerten lassen. Die Ansätze von religiösen Bewegungen sind ebenso wie Ansätze zu Lebensentwicklungen im eigenen Leben im Anfangsstadium oft nicht durchschaubar. Sie werden es erst, wenn sie eine Zeit des Wachstums hinter sich haben und die Ansätze der Frucht daraus sichtbar werden.

Nun kommt der Bildteil des Gleichnisses deutlich ins Spiel. Sobald man das Unkraut als Unkraut erkennt, ist es für die Trennung bereits zu spät. Warum? Der Weizen bildet eine senkrecht in die Erde vordringende Wurzel aus, während das hier gemeinte Unkraut eher waagrechte Wurzeln treibt, die sich zu einem dichten Netz unter der Erdoberfläche ausbilden. Dieses Wurzelnetz ist zu dem Zeitpunkt, an dem sich an der Oberfläche der Unterschied deutlich zeigt, bereits so dicht, dass die Weizenhalme davon umklammert sind. Beim Jäten des Unkrautes würden sie vollständig mit ausgerissen. So gibt es tatsächlich nur die eine Möglichkeit, den Weizen reif zur Ernte werden zu lassen: Lasst beides miteinander wachsen bis zur Ernte.

Dieser Satz enthält so etwas wie ein Programm für unseren Umgang mit dem Bösen in seiner vielfältigen Gestalt. Dem wenden wir uns nun zu.

5. Beides miteinander wachsen lassen

Das erste Wort dieses Satzes lautet: Beides. Das Gleichnis verbirgt nicht die Tatsache, dass es einen klaren Unterschied gibt, ja, dass dieser Unterschied auch feststellbar und benennbar ist. Es gibt Weizen, es gibt Unkraut, und der Unterschied zwischen ihnen mag zwar in der historischen Dimension manchmal schwierig zu definieren sein. Auf der sachlichen Ebene aber ist er klar.

Gegen eine solche Einstellung werden immer wieder Vorwände eingebracht. Zwei davon seien in diesem Zusammenhang erwähnt:

a) Kann man nicht froh sein, wenn überhaupt etwas wächst, wenn sich überhaupt etwas bewegt? Kann man nicht glücklich darüber sein, wenn Menschen im Raum der Kirche z. B. überhaupt noch aktiv werden? Die Antwort des Gleichnisses lautet: Das Böse wächst auch, hat seine Lebendigkeit und seine Dynamik. Ich denke an die Banalitäten, die manchmal im Rahmen der Kirche als kirchliche Aktivitäten angeboten beziehungsweise toleriert werden. Ja manchmal scheint man bereits froh zu sein, wenn unter dem Dach der Kirche »etwas geschieht« ... Auf dem Acker jenes Herrn geschah auch »etwas«, sogar sehr viel an Wachstum. Wachstum aber ist kein

Wahrheitskriterium. Aktivitäten der Kirche sagen noch nichts über ihre geistliche Gesundheit aus.

b) Ist uns denn nicht das Urteilen verboten, weil es Gott allein zusteht? Und ist der Versuch, zwischen Unkraut und Weizen zu unterscheiden, nicht eben solch ein menschliches Urteilen, ein menschliches Richten, das wir getrost Gott allein überlassen sollen? Auch da lautet die Antwort des Gleichnisses anders: Den Knechten wird das Richten im Sinn des Letzten Gerichtes tatsächlich untersagt: Sie dürfen nicht jäten, nicht ausreißen. Aber kein Wort darüber, dass der Unterschied nicht klar benannt werden kann und auch benannt werden soll! *Dies* ist Weizen, *das* ist Unkraut, und *daran* erkennt man klar den Unterschied, auch wenn beides noch Raum zum Wachstum von Gott bekommt. Das Urteil im Sinn des Jätens ist Gott und seinen Engeln allein vorbehalten. Das Urteil im Sinn des unterscheidenden Benennens aber ist keineswegs untersagt, hier nicht und nicht im ganzen Neuen Testament.

Das Gleichnis selbst bietet, soweit ich sehe, in seiner Bildhälfte keinen Hinweis darauf, worin der Unterschied zwischen Unkraut und Weizen besteht. Wohl aber zeigt sich das deutlich in der Auslegung dieses Gleichnisses: »Alle, die ein Ärgernis sind, und die, welche tun, was wider das Gesetz ist …«

a) Auf dem Hintergrund der Theologie des Matthäusevangeliums bedeutet »ein Ärgernis sein«, dass jemand die Bedeutung Jesu verdunkelt, den Glauben an Gott von der Beziehung zu Jesus als dem Messias, dem Christus löst (vgl. Matthäus 11,6; dahinter steht Jesaja 8,14f; Psalm 118,22; vgl. Jesaja 28,16). Wir entdecken bereits innerhalb des Neuen Testaments den Versuch, Jesus auf ein bloßes Vorbild menschlichen Handelns zu reduzieren, das Christentum auf eine bloße Morallehre zurechtzuschneiden. Christentum als Ethik mit dem Ziel, ein guter Mensch zu sein. Jesus wird zum Vorbild des guten Menschen, das mir zeigt, wie ich sein soll, mich immer wieder neu anspornt, mir Mut macht, mir hilft … aber eben: nur Vorbild! Das ist gemäß der Deutung des Gleichnisses das erste Unkraut-Kennzeichen: Ist und bleibt Jesus der Christus, der Immanu-El, der für unsere Schuld gestorben und auferstanden ist und uns erlöst aus lauter Gnade, ohne menschliches Verdienst?

b) Das zweite Kriterium hängt enger mit dem ersten zusammen, als man gewöhnlich meint. »... die, welche tun, was gegen das Gesetz ist.« Gemeint ist dabei nicht, obwohl man das so auffassen könnte, eine einzelne Tat der Gebotsübertretung. Wer unter uns wäre frei davon? Gemeint ist jene andere Tendenz innerhalb des Christentums, die wir ebenfalls in Spuren bereits im Neuen Testament entdecken, die das Leben der Christen grundsätzlich vom Gebot Gottes lösen wollen.

Der Zusammenhang mit dem ersten Kennzeichen ist recht einfach. Wenn Jesus in seinem irdischen Leben und Handeln mir zum »Vorbild« wird, ja, eben dies »Leben nach dem Vorbild Jesu« das Ziel des Christseins überhaupt sein soll (so das erste Kennzeichen), dann werden mich die Gebote Gottes geradezu stören! Dann wird es mir so scheinen, als ob ich mich an irgendwelche »Vorschriften« halten muss, nicht mehr aber an den lebendigen Herrn als ständig neues Vorbild! Wenn man auf diesem Weg weitergeht, dann wird man verschiedene Bibeltexte finden, in denen sogar Jesus um des Menschen willen Gebote – wenigstens scheinbar – übertreten hat, z. B. das Sabbatgebot: der Sabbat ist für den Menschen gemacht, nicht aber der Mensch für den Sabbat. War also Jesus nicht frei vom Gesetz, indem er nur nach dem fragte, was im Moment dem Menschen dient? Ist er uns nicht gerade darin Vorbild? Werden solche Aussagen Jesu für sich genommen und zur Grundlage ethischer Fragestellung erklärt, dann gerät so manches durcheinander. Dann erscheint das Gebot als Hinderung der vollen Menschwerdung des Menschen. Ja, die Übertretung des Gebotes erscheint als Hilfe, das von Gott gemeinte Bild im Menschen wieder herzustellen, ihn frei zu machen. Eine solche Ethik wird sich meist auf das eine Bibelwort gründen: »Du sollst deinen Nächsten liebhaben wie dich selbst.« Und das Programm, das daraus gefolgert wird, lautet dann: in jeder Situation neu fragen, was denn jetzt richtig sei, was dem Menschen zu seiner Menschwerdung dient. Das »Vorbild« Jesu soll immer neu erfragt werden – aber nicht mehr das Gebot, das den Willen Gottes ausdrückt. Lebendiges Vorbild steht plötzlich gegen das Gebot.

Nochmals: In den Aussagen des Gleichnisses geht es nicht um eine einzelne Übertretung eines Gebotes. In einem solchen Fall spricht das Neue Testament ganz klar von Vergebung! Die Aussage des Gleichnisses steht auch sicherlich nicht gegen einzelne Ausnahmen, in denen Gott selbst sich in seinem Handeln über den Wortlaut des Gebotes hinwegsetzt. Hinter solchen »Ausnahmen« steht immer die grundsätzliche Anerkennung des Gebotes als Ausdruck des heiligen Willens Gottes! Es gibt auch immer wieder ein menschliches Scheitern am Gebot, aus welchem Grund auch immer, auf das Gottes Vergebung hin geschenkt wird. Was hier gemeint ist, das ist etwas grundsätzlich anderes: Es ist die prinzipielle Auflösung der Gebote überhaupt, so dass am Ende nur noch das Vorbild Jesu übrigbleibt. Weil aber niemand mehr bestimmen kann, was an diesem *Vorbild* zentral, was peripher ist, bleibt dieses Kriterium völlig subjektiv. Jeder bestimmt es, wie er will.

Damit schließt sich auch der Zusammenhang. Wo Jesus nicht mehr geglaubt wird als der, der für mich gestorben und auferstanden ist, sondern nur noch als Vorbild anerkannt wird, da wird in der Folge auch die grundsätzliche Geltung der Gebote als Ausdruck von Gottes Willen in der christlichen Ethik in Frage gestellt.

6. Beides wachsen lassen

Wieviel Befreiendes liegt in der Antwort des Herrn für die Knechte. Nein, das Unkraut wird nicht gut genannt! Aber es wird doch zugelassen, ja, die Zulassung wird auch in ihrer Sinnhaftigkeit einsehbar! Die Knechte sollen es wachsen lassen, weil das Ausreißen auch den Weizen zerstören würde. Sie sollen es jedoch vor allem darum wachsen lassen, weil der Herr selbst es wachsen lässt.

Man kann innerhalb der Bibel von einer zeitweiligen Zulassung des Bösen durch Gott sprechen. Ich kann es mir leisten, Böses, das ich an anderen sehe, zuzulassen (nicht im eigenen Leben; nicht in der Kirche, sofern ich das in ihr ändern kann), weil auch Gott es im Verlauf der Zeit noch zulässt! Das soll mir im Blick auf das Böse helfen, das mich gerade bedrängt. Ich soll aber auch im Blick auf mein eigenes Leben erkennen, dass Gott in meiner Lebensgeschichte viel Böses, in das ich aktiv verstrickt war, zugelassen hat, weil er mit mir Geduld hatte. Er hätte mit dem Bösen auch mich schon oft ausreißen können. Und was in der eigenen Lebensgeschichte erkannt wird, das kann zum Schlüssel werden, Gottes Zulassung auch in größeren Lebens- und Geschichtsprozessen wenigstens zu erahnen.

Nun muss man aber das Bild des Bösen vom Befund des Neuen Testaments her noch ergänzen. Es gibt nicht bloß eine Zulassung des Bösen durch Gott. Das würde bedeuten, dass das Böse sein eigenes Wachstum, seine Dynamik, seine Strategie usw; selbst bestimmen kann. Aber das ist nicht so, jedenfalls wird es nicht in allen Schichten der Bibel so gesehen. Vor allem jene Kapitel der Bibel, die vom Kommen der letzten Zeit sprechen, wissen, dass Gott das Böse ausdrücklich herbeiruft, ihm Raum und Zeit und Auftrag gibt, damit es sich in seine letzte Gestalt hinein auswächst und so auch dem Heranreifen dieser letzten Zeit dient. »Es wurde ihm gegeben ...«, so formuliert die Offenbarung Johannes, wenn sie von den Winkelzügen der Macht des Bösen beziehungsweise des kommenden Antichristen spricht. Aus dem Sprachgebrauch der biblischen Zeit in unsere Welt übersetzt bedeutet das: »Gott selbst gab ihm Macht, Zeit, Raum und Auftrag ...« Und dieser Auftrag geht zwar nicht grundsätzlich, wohl aber für eine begrenzte Zeit so weit, dass jener »die Heiligen verfolgen kann und sogar besiegen« (Offenbarung 13,7).

Gott will, dass in dieser Zeit *beides* wächst. Und so wie es das Gleichnis ja eindrücklich schildert, dass Weizen und Unkraut ineinander verstrickt und miteinander verwurzelt sind, so sagt es ja auch, dass sie da miteinander wachsen, ja, in dem Wachstum einander sogar noch gegenseitig Halt geben, einander gegenseitig in die Höhe treiben! Dieselbe Vorstellung liegt, nun ohne bildhafte Sprache, auch in den Aussagen der Bibel über die Endzeit. Das Böse in der Welt und die Gemeinde Jesu wachsen beide miteinander zum Gericht hin, ja, sie wachsen und reifen geradezu aneinander: Das Böse wird durch die Existenz der Gemeinde, die sich an Jesus und sein Wort hält und nach seinem Willen richtet, zum größten Hass angestachelt, weil es an Menschen, die Jesus als dem Christus Gottes gehören, seine letzte und unüberwindliche Grenze findet. Und umgekehrt: Die Gemeinde wächst am Widerstand durch das

Böse zu ihrer letzten Gestalt und Reinheit heran, durchgetragen durch die Liebe und Kraft Jesu, durch Leiden und Läuterung. Welch ein Wort: Lasst *beides* miteinander wachsen!

7. Bis zur Ernte

Vom Alten Testament her ist die Vorstellung einer »Ernte« stehendes Bild des kommenden Gerichtes Gottes. Das sagt nicht nur die Auslegung des Gleichnisses deutlich genug. Es war den Hörern Jesu auch ohne jede Auslegung völlig klar.

Nun gilt es aber für uns, im Wort Gericht doch etwas Neues zu hören. Für unser Empfinden handelt es sich in der Regel um ein weitgehend, vielleicht sogar ausschließlich negatives Wort. Gericht, das heißt Verhör, heißt Verurteilung, heißt Bestrafung. Natürlich liegt das auch im biblischen Begriff des Gerichtes, aber nicht so ausschließlich, ja, nicht einmal primär, wie wir das empfinden.

Gericht, das hat zunächst mit der Erkenntnis und der Herstellung des Rechtes zu tun! Was immer schon gemeint und von Gott so gut gemeint war, das soll nun endlich auch zu seinem Recht kommen und in sein Recht eingesetzt werden. Gericht, das ist Herstellung und Durchsetzung des Rechtes! Das Bild sagt es ja auch: »... den Weizen aber sammelt in meine Scheune« (Vers 30b), beziehungsweise in der Auslegung: »Die Gerechten des Vaters leuchten wie die Sonne« (Vers 43). Hier wird das, was bisher mit allem Unkraut vermengt war, aussortiert, gesammelt, es wird endlich zum Leuchten gebracht. Das ist Gericht! Natürlich ist es, weil in ihm das Recht hergestellt wird, auch Verurteilung des Bösen: »Suchet zuerst das Unkraut zusammen und bindet es in Bündel, damit man es verbrenne.« Aber – im Bild gesprochen – es wäre ein Unsinn zu behaupten, der Herr veranstalte die Ernte nur aus dem Grund, weil er das Unkraut verbrennen wolle. Nein, das Unkraut ist nicht Gottes Ziel, auch nicht im Gericht! Ich weiß nicht, ob die oftmals unmerkliche und gefährliche Verschiebung des biblischen Klanges deutlich genug wird. Es gibt ein gefährliches Interesse am Gericht, als ob der Herr mit seinen Knechten die Ernte als ein Fest der Verbrennung des Unkrautes feiern würde, da er nun endlich mit diesen Dingen fertig geworden ist, sich aber nicht über den Weizen freuen kann. Man drückt es am besten positiv aus: Ziel des Gerichtes ist die Ernte, nicht die Vernichtung; es geht um den Weizen, nicht um das Unkraut! Gericht ist nicht Verbrennungsfest, sondern Erntefest. Und darauf freuen wir uns.

Noch eine Beobachtung sei dazu genannt. Die Aufgabe, das Unkraut vom Weizen zu trennen, wird nicht den Knechten zugesprochen, sondern den Schnittern. Die Auslegung des Gleichnisses sagt dann auch ausdrücklich, dass es sich um Engel Gottes handeln werde. Es mag wichtig sein, auch darauf zu hören. Das Gericht über das »Unkraut« wird nicht in menschliche Hände gelegt (vgl. 1. Korinther 5,12f)!

8. Zum Abschluss

Dieses Gleichnis gibt uns Wegweisung für unseren Weg, der uns ständig in den Umgang mit dem Bösen hineinführt. Wir können unseren Weg in dieser Welt gar nicht gehen, ohne dass wir ständig mitten in der Auseinandersetzung zwischen Unkraut und Weizen stehen, mitten in der Anforderung, zwischen ihnen zu unterscheiden, aber auch in der Versuchung, eigenmächtig zu trennen und auszureißen, wo uns das vom Herrn des Ackers verwehrt ist: mitten in den großen weltlichen und gesellschaftlichen Bezügen, in den Kirchen, an denen wir leiden, in der Theologie und ihren oft so notvollen Entwürfen, ja, bis in das eigene Leben hinein, in dem sich Weizen und Unkraut so nahe beisammen finden.

Nun wird man sicher nicht unter Berufung auf dieses Gleichnis sagen können, man habe das Unkraut im eigenen Leben zu dulden. Dem widerspricht nicht nur die Deutung des Gleichnisses, die sagt, dass der Acker »die Welt« sei. Dem widerspricht auch die klare Botschaft des ganzen Neuen Testaments. Offensichtlich Böses ist weder im eigenen Leben noch in der christlichen Gemeinde zu tolerieren. »Schaffet das Böse aus eurer Mitte hinweg« (1. Korinther 5,12f). Das Gleichnis hat eine andere Zielrichtung. Dort, wo ich in äußeren Verhältnissen leben muss, die ich gar nicht ändern kann, in denen aber das Böse neben mir und um mich herum wächst, dort wird mir das »Ausreißen« beziehungsweise der Rückzug von diesem durchmischten Acker verwehrt. Die Wegweisung des Gleichnisses lässt sich vorsichtig in zwei Aussagen zusammenfassen.

a) Es ist nicht unsere Aufgabe, auszureißen, d. h. das Gericht vorwegzunehmen. Gott lässt wachsen, also haben auch wir es wachsen zu lassen. Gott gibt auch dem Unkraut Zeit, also darf ich auch dem Bösen Zeit zugestehen, auch wenn die Sinnhaftigkeit beziehungsweise die Begründung, warum das so ist, nicht klar wird.

b) Es ist aber auch nicht unsere Aufgabe, nun alles, was irgendwie und irgendwo wächst und die Kennzeichen von Leben an sich trägt, gleich Weizen zu nennen. Die genaue Benennung und Unterscheidung bedeutet nicht Ausreißen, bedeutet nicht »Gericht«. Nein, das Gleichnis hält die genaue Unterscheidung durch. So haben auch wir Weizen Weizen und Unkraut Unkraut zu nennen, mitten in einer Welt, die solches Unterscheidungsvermögen zunehmend verliert. Ja, soweit wir es können, werden wir auch die Kriterien aufzuzeigen haben, an denen man den Unterschied zwischen Weizen und Unkraut erkennt.

Es ist klar, dass wir damit keinesfalls den Spannungen des Lebens entnommen sind. Unkraut Unkraut nennen, und doch mittendrin leben und wachsen, zusammen mit dem Unkraut nicht nur zu leben, sondern geradezu mit ihm verwoben zu bleiben, das ist nicht einfach. Aber ist es denn für Gott selber einfach? Der Herr des Ackers stellt seine Gemeinde, seine Kirche immer neu da hinein, damit sie zusammen mit ihm diese Spannung erträgt: unterscheiden, benennen und bekennen, aber nicht ausreißen. Gemeinsam mit ihm zuwarten »bis zur Ernte«.

IX. Die Frage nach der Erneuerung

»Sehen und Loslassen« (2. Mose 1,15–17.22; 2,1–10)

Drei Symbole kennzeichnen unsere Gegenwart, sagt ein Denker unserer Zeit: die Autobahn, der Selbstbedienungsladen und der Schnellimbiss. Was ist damit gemeint?

- Autobahn: ungehinderte Beweglichkeit, die freie Verfügung über den Raum, durch den ich mich als Individuum bewegen kann. Alles steht mir offen zu jeder Zeit, wenn es mir beliebt.

- Selbstbedienungsladen: die freie Verfügung über die Waren, die sich überquellend darbieten, auf die ich ungehindert zugreifen kann.

- Schnellimbiss: die ungehinderte Möglichkeit, meine Bedürfnisse schnell zu befriedigen, wann immer sie auftreten.

Die Tendenz ist klar. Alles Hindernde soll abgebaut werden. Die räumliche Entfernung wird überbrückbar. Der Verkäufer als Mensch, vor dem ich meinen Wunsch ausdrücken muss, wird abgeschafft und durch die wortlose »Kommunikation« zwischen den Waren und meinem inneren Hunger nach Leben »ersetzt«. Die Zeit wird abgeschafft, die sich hindernd zwischen meine Bedürfnisse und die Stillung dieser Bedürfnisse schiebt. »Instant« wird zum Zauberwort. Der lösliche Pulverkaffee der Nachkriegszeit war der symbolische Beginn. Becher, Pulver, heißes Wasser und dreimal rühren – fertig:

»Instant-Coffee«. Was sich früher an Spannung zwischen meinen Wunsch, mein Bedürfnis vielleicht und die Erfüllung schob, was ich in langem Zeitraum planend, vorbereitend, zubereitend und wandernd erreichen musste, an dem ich reifen konnte, das verschwindet zusehends und wird nur noch als Hinderung begriffen: »Instant«.

Von Erneuerung wollen wir reden. Und wer hätte sie nicht nötig: persönlich für sein begrenztes Leben, für unsere Kirche, für unsere Welt? Nun, auch Erneuerung gibt es nicht »instant«, auch wenn wir uns das so träumen mögen und wenn die Sehnsucht nach schnellen Lösungen, nach einem schnellen Abbau jener Spannungen, in denen wir stehen, tief in uns wohnt.

In der Bibel gibt es keine »Lehre« von der Erneuerung. Aber es gibt Geschichten, in denen uns erzählt wird, wie Gott Erneuerung vorbereitet und geschenkt hat. Jede ist anders. Aber in jeder begegnet uns der lebendige Gott, der sich zum Menschen, meist nur zu einem einzigen, hinabbeugt, um mit ihm unverwechselbar seinen Weg zu beginnen und durchzuhalten. Gott führt keine »instant«-Wege. Er setzt das Leben der Menschen, die er ruft, ungeheuren Spannungen aus, die durchgehalten werden müssen, teilweise über große Zeiträume hinweg. Ja, oft ist lange Zeit gar nicht klar, ob es sich wirklich um einen Plan Gottes handelt. Ist es eher ein Zufall, der so leicht auch anders hätte ausfallen können? Oder handelt es sich gar um den Starrsinn eines einzelnen Menschen, der seine Charakterschwäche noch für Glaubensmut hält? Es mag sein, dass es auch hier so ist. Hat sich die Mutter des Mose etwas in den Kopf gesetzt, das ihrem Charakter, ihrem Eigensinn entsprach? Wir wissen es nicht. Aber Gott ging auf diese Mutter ein, die bloß ihr Kind retten wollte. Und Gott? Gott formte aus diesem Wunsch der Mutter um ein Kind, um einen Menschen den Retter Israels, wahrhaft über Bitten, über Verstehen.

Wir hören in diese Geschichte hinein. Welche Wege werden da gegangen?

»Und der König von Ägypten befahl den Hebammen der Hebräerinnen, von denen die eine Schifra, die andere Pua hieß: Wenn ihr den Hebräerinnen bei der Geburt helft, so achtet auf das Kind: ist es ein Knabe, so tötet ihn; ist es aber ein Mädchen, so mag es am Leben bleiben. Aber die Hebammen waren gottesfürchtig und taten nicht, wie der König von Ägypten ihnen geboten hatte, sondern ließen die Knaben am Leben. ... Da gebot der Pharao allen

seinen Leuten: Alle Knaben, die den Hebräern geboren werden, werft in den Nil. Alle Mädchen aber lasst am Leben.

Und ein Mann vom Hause Levi ging hin und heiratete eine Levitin. Und die Frau ward schwanger und gebar einen Sohn. Als sie sah, dass er schön war, verbarg sie ihn drei Monate lang. Und da sie ihn nicht länger verbergen konnte, nahm sie ein Kästlein von Rohr, verklebte es mit Asphalt und Pech und legte das Kind darein; dann setzte sie es ins Schilf am Ufer des Nil. Seine Schwester aber stellte sich in einiger Entfernung auf, um zu erfahren, wie es ihm ergehen würde. Da kam die Tochter des Pharao an den Nil herunter, um zu baden. Während nun ihre Dienerinnen am Ufer des Nil hin und her gingen, sah sie das Kästlein mitten im Schilf, und sie sandte ihre Magd hin und ließ es holen. Und als sie es auftat und das Kind sah – es war ein weinendes Knäblein –, da hatte sie Mitleid mit ihm, und sie sprach: Das ist eins von den Kindlein der Hebräer. Nun sprach seine Schwester zu der Tochter des Pharao: Soll ich hingehen und dir eine hebräische Amme rufen, dass sie dir das Kind stille? Die Tochter des Pharao antwortete ihr: Ja, geh. Und das Mädchen ging hin und rief die Mutter des Kindes. Da sprach die Tochter des Pharao zu ihr: Nimm diesen Knaben mit dir und stille ihn; ich will dir deinen Lohn geben. Das Weib nahm den Knaben und stillte ihn. Und als der Knabe groß geworden war, brachte sie ihn der Tochter des Pharao. Die nahm ihn als Sohn an und nannte ihn Mose, indem sie sprach: Ich habe ihn ja aus dem Wasser gezogen.« (2. Mose 1,15–17.22; 2,1–10)

1. Die Voraussetzung: Unmöglichkeiten ertragen

Der biblische Bericht setzt ein mit der Schilderung einer Welt, die in ihren Grundzügen der unseren gar nicht so unähnlich ist. Es ist eine geordnete Welt. Da gibt es eine Instanz, die bestimmen kann, was es geben darf und was nicht. Ja, sie hat offensichtlich auch die Macht, ihren Willen durchzusetzen. Festgefügt ist alles. Die Regeln sind klar. Hier ist geplant, was zu geschehen hat, was noch möglich ist und was nicht mehr. Die Regeln gelten für alle. Ausnahmen für einzelne gibt es nicht. Die äußeren Regeln greifen auf das Innere der Menschen zu, bestimmen von außen, setzen im Inneren die Grenzen. Sie geben vor, was erlaubt und, das muss doch dasselbe sein, was normal ist. Um unnötige Spannungen zu vermeiden, richtet man sich nach diesem Maß aus, ohne zu fragen, ob es einem selbst, ob es uns allen wirklich entspricht.

Wieviel in unserer Welt ist doch geplant, verplant. Die Freiräume scheinen groß und sind doch so klein. Die Pharaonen wohnen längst in unseren Herzen und bestimmen, was zu geschehen hat, was leben darf und soll und was nicht. Sie haben die Stimmen der äußeren Autoritäten übernommen und in unser Inneres getragen. Wir meinen, es seien unsere eigenen Stimmen, Wünsche und Überzeugungen. Der Pharao draußen? Er ist die kleinere Gefahr gegenüber dem, der im eigenen Herzen wohnt. Anpassung, Unterordnung und Gefügigkeit sind die Formen der Sklaverei. Gewöhnung und Anpassung machen sich breit, wo Freiheit gemeint war. Normalität statt Leben. Wer bestimmt uns wirklich? Kennen wir unsere eigene Stimme?

Mag sein, dass da und dort der Ruf nach Erneuerung nicht verstummt ist. Aber der Eindruck liegt lähmend auf dieser Zeit: Erneuerung kann nur möglich werden innerhalb der klaren Grenzen, die so fest gezogen sind und jene Normalität bestimmen, die alle teilen. Nur nichts Besonderes. Nur nichts Außerordentliches, das das Gewohnte sprengt ...

Noch etwas klingt durch diesen Bericht hindurch, das sich in unserer Zeit deutlich wiederholt. Jene vorgetäuschte Normalität wirkt zwar stabil, ist es aber keineswegs. Sie wird immer drängender, immer einengender. Sie geht immer bestimmter ans Leben selbst. Zunächst war es in jenem Volk in Ägypten nur der Druck der äußeren Lebensumstände, der immer mehr verschärft wurde.

Der Druck der Arbeit wird immer größer. Und nun greifen die Ordnungen des Normalen auf das Leben und seine inneren Quellen selbst zu. Was Leben, was Fruchtbarkeit, was Stärke und als solches gut ist, Verheißung von Leben und Erneuerung, das soll bereits im Keim erstickt werden. »Ist es ein Knabe, so tötet ihn.« Diese Form der Normalität schnürt immer tiefer ein, nimmt Fruchtbarkeit, nimmt Leben, nimmt Zukunft. Verstehen wir es recht: Leben selbst, das ganz natürlich aufkeimt, soll bereits in seinem Anfang erstickt werden! Fruchtbarkeit soll, ja, darf plötzlich nicht mehr sein.

Welches Leid, welches Geschrei dahintersteht, das wird uns nicht berichtet. Aber es wird auch nicht davon erzählt, dass und wie sich die Menschen zur Wehr gesetzt haben. Haben sie es getan? Kann es gar sein, dass sich die Menschen diesem Druck einfach angepasst haben? Angepasste Unfruchtbarkeit. Eine grauenhafte Vorstellung! Wie verbreitet mag sie unter uns sein unter dem Deckmantel, »es« sei doch einfach so ...

Erneuerung. Beginnt sie damit, dass durch die Art, wie wir leben, solche Erneuerung immer fraglicher, ja, immer unmöglicher wird? Dass die Pharaonen von außen und jene von innen sich dem Leben je länger je grundsätzlicher in den Weg stellen? Erneuerung des Lebens eines ganzen Volkes, Erneuerung des eigenen Lebens und der eigenen Fruchtbarkeit, sie erscheinen immer unmöglicher. Lebendigkeit wird erstickt. Ist das so? Was wahrhaft Leben ist, das wird verboten. Und das gilt als normal.

2. Der Beginn: Angst ertragen

In großartiger Schlichtheit wird hier erzählt. Wort an Wort wird gefügt, dass es einen geradezu erzittern lässt:

> *»Und ein Mann vom Hause Levi ging hin und heiratete eine Levitin. Und die Frau ward schwanger und gebar einen Sohn.«*

Was wird hier gesagt? Was wird verschwiegen?! Die Hochzeit, die Beziehung der Eheleute, das Wissen um das Problem eines möglichen Sohnes. »Und die Frau ward schwanger ...« Neun Monate. Was bedeutet das? Was geschah an und in dieser Frau? Was geschah an und mit ihrem Mann, von dem weiterhin in der ganzen Geschichte gar nie die Rede ist? Schweigen des Mannes? Unausdenkbar, wenn es so wäre! Schwanken zwischen panischer Angst und Hoffnung, zwischen Empörung und Resignation, die sich lähmend darüber legt! Hat Vorfreude überhaupt Sinn? Es mögen sich fieberhaft geschmiedete Pläne und Ergebung abgewechselt haben.

Neun Monate vielleicht auch Gebet, dass dieses Kind leben dürfe und darum doch, bitte, ja kein Knabe sei.

Was wird hier getragen und ertragen in neun Monaten? In ungeheuere Spannungen und Ängste stellt Gott seine Menschen. Und wir können nicht ausweichen, nicht aus ihnen ausbrechen. Ängste, Pläne, Empörung und Ergebung wechseln sich ab. Wut und Gebet finden zusammen. Und dann dieses Warten, dessen Last niemand von unseren Schultern und von unseren Herzen nimmt. Dazu die Vorstellungen, die sich bilden: »Ja nicht ein ...«, sonst darf es ja nicht leben. Dies Bild, entworfen am Begriff des Normalen unserer Zeit und unserer Erziehung, wird zum Muster der eigenen Vorstellung, wird zum Inhalt des Gebetes. Wir scheinen zu wissen, was sein darf und was nicht. Und Gott? Gliedert er nicht sich und uns in diese Ordnung ein? Ist Gott nicht ein frommer Gott, ein Gott der Frommen, des Normalen?

3. Der Einsatzpunkt: »Sehen« lernen

Wir treten an diese Erzählung mit dem Vorwissen heran, dass dieses Kind leben wird. Ja, noch mehr, wir wissen, was mit dieser Angst seinen Anfang nimmt. Der große Befreier Israels wird hier geboren.

Aber davon weiß und erfährt diese Mutter nichts. Der Schleier des Geheimnisses liegt über dem Geschehen. Die große Welt- und Heilsgeschichte, die hier so folgenschwer neu einsetzt, erscheint verdichtet in der Angst dieser einen Frau: im Zusammensein der Frau mit ihrem werdenden Kind, ja, im Notschrei ihrer Angst. Ihr geht es um dieses eine Kind, um ihr Kind, nicht um Welt- oder Heilsgeschichte. Und doch ist es so, dass in dieser Sorge die große Geschichte verborgen mitgemeint, mitverantwortet und in gewisser Weise ja auch mitentschieden wird. In der großen und doch begrenzten Sorge der Frau um ihr Kind liegt eingeborgen die Sorge Gottes um sein Volk, um seine Welt.

So kann es sein, dass wir Menschen nur das kleine Ereignis erkennen, die begrenzten Dimensionen unseres Lebens, unseres kleinen Lebensraumes, unserer persönlichen Not und Angst. Und als solche nimmt Gott sie an, oder er schweigt dazu. Dabei mag es uns verborgen bleiben, dass darin ganz andere Entscheidungen mitgemeint, ja, mitvollzogen werden.

Unser Bericht setzt hier ein. Wieder ist es so, als ob das Wichtigste in einer äußersten Zuspitzung dargestellt wird. So knapp, wie es nur möglich ist, wird hier formuliert:

»Sie gebar einen Sohn. Und sie sah, dass er schön war. Und sie verbarg ihn drei Monate.«

Die Stunde der Geburt. In ihr gebiert die Angst mit. In dieser Stunde wird entschieden über Leben und Tod. Darf das Kind leben? Es darf, wenn es der Regel entspricht, wenn es ein Mädchen ist. Muss es sterben? Es muss, wenn es durch die Lücken des Erlaubten fällt, wenn es ein Knabe ist. Nein, entschieden wird ja nicht. Entschieden ist ja längst, von Anfang der Empfängnis an. Aber der Entscheid wird nun offenbar. Und so gebiert sie mit, die Angst. Es ist, als ob alle Gebete, die Sehnsüchte, die Hoffnungen und das Vertrauen zerstört werden im Ruf: Es ist ein Knabe.

Doch von all dem, was wir jetzt erzählen würden, schweigt der biblische Bericht: nichts vom Entsetzen, nichts von Verzweiflung, nichts von Auflehnung, die alle blind macht, die Augen und Herzen verschließt, einschließt ins Eigene. Die Verzweiflung ist das Eigene, in das ich verschlossen werde, in mich selbst. Doch so nicht hier. »Und sie sah ...« Die Angst gebar mit. Doch sie gebar keine Blindheit, sondern ein Sehen, das tiefer als normales Sehen geht.

Diese Frau, so sagt unsere Erzählung, »sah«. Natürlich hat sie hingesehen, hat im Kind ihr Urteil erfahren: Das darf nicht sein. Doch bei diesem menschlichen Urteil bleibt sie nicht stehen. Nicht, dass sie darüber nachgedacht hätte, dass sie Pläne geschmiedet oder Wege entworfen hätte, wird gesagt. Das wird sie alles später tun. Aber nicht jetzt. Sie »sieht«. Etwas leuchtet ihr in diesem Kind entgegen. Oder ist es etwas, das ihr in diesem Kind von viel weiter her entgegenleuchtet? Sie sieht, »dass es schön war«. Man mag ja beinahe lächeln über diesen Satz. Welche Mutter findet denn ihr Kind nicht schön? Wer wollte es ihr bestreiten, dass es so ist? Doch, wann hätte Schönheit ein Verbot aufgehoben? Wann hätte die Tatsache, dass etwas schön ist, dazu berechtigt, Verbote zu übersteigen, die doch allen gleichermaßen gelten? Und doch klingt in diesem Satz etwas mit, das anders einsetzt und Tieferes meint. In der Schönheit klingt, wenigstens für diese Frau, etwas mit, das sie nicht zu verstehen sucht, sondern einfach entgegennimmt. Es ist die Hoffnung, dass es diesmal und hier, Verbote hin oder her, anders gehen kann und anders gehen wird: Dies Kind ist »schön«.

Wie vieldeutig erscheint doch dieses Sehen! Als Gefühlsbindung einer Mutter mag sie erscheinen; als Leidenschaft einer etwas unnüchternen Frau; als Versuch, dem Schicksal etwas abzutrotzen; oder als noch nicht gebrochener Eigenwille, der sich gegen das, was andere akzeptieren, immer noch zur Wehr setzen will. Wer könnte auch etwas gegen solche Vorwürfe einwenden? Und doch, so lernen wir ja aus dem weiteren Verlauf des Berichtes, war es mehr als das. Hier sah eine Frau im eigenen Kind, welche Möglichkeiten Gott hat hinter allen Unmöglichkeiten der Menschen. Nein, nicht dass sie das verstanden hätte, wird gesagt. Auch zu erklären hätte sie es nicht vermocht. Aber sie hat es »gesehen«. In diesem Sehen liegt jener Grund für eine Hoffnung, die derart unbegründet erscheint. Und doch ist diese Hoffnung da: Dieses Kind darf leben, auch wenn alle Umstände dagegen sprechen. Warum? Dieses Kind ist »schön«.

»Schön«. Es ist ein merkwürdiges Wort, das hier steht. Der hebräische Text sagt »tow«: »gut«. Dies Wort ist nur schwer übersetzbar. Es meint etwas, das auf eine volle, auf eine ganze Weise gut und richtig ist. »So ist es richtig«, sagen wir vielleicht. Und das meint jenes hebräische Wort, das hier verwendet wird.

Etwas, das man nicht objektiv erklären, wohl aber subjektiv empfinden und tief in sich »wissen« kann. Jenes runde und gute Gut-Sein, das sich durch den Verstand so schwer ausdrücken lässt und sich doch stärker erweist als alle Argumente. Etwas in jenem Kind leuchtet ihr entgegen, das über die Schönheit des Kindes hinausgeht. Es ist nicht bloß schön und gut und angenehm ... Unter all dem, was ihr hinter dem menschlichen Antlitz entgegenkommt, gibt es ein »Mehr«, das ihr sichtbar wird. Es ist jenes »Mehr«, das von Gott kommt und an dem sie von jetzt an in ihrem Glauben festhalten wird ... zaghaft und doch entschlossen, zaghaft-entschlossen.

Sie weiß ja noch gar nicht, was da in ihr aufkeimt. Sind es Gedanken, sind es Empfindungen, Vorstellungen ... oder ist es göttliches Denken, das sich auf diese Weise Bahn bricht?

So kommt es zur ersten Reaktion. Die werdende Mutter verbarg ihn, verbarg dies werdende Leben drei Monate lang. Aus dem Sehen wird Handeln, wird später ein Planen. Es ist wichtig, dass wir das als Geheimnis erkennen. In dem ganzen Geschehen spielen gedankliche Argumente keine Rolle. Das mag uns nachdenklich machen. Erneuerung beginnt nicht mit Gedanken, sondern mit Unmöglichkeiten. Sie beginnt mit Angst; mit Sehen und Handeln. Argumente? Es mag sie geben, dafür und dawider. Was könnten sie hier entscheiden? Gedanken – wieviel wiegen sie, wenn es um Lebensprozesse geht?

4. Reaktionen: Argumente und Schweigen

Man meint, die Stimmen um diese junge Mutter regelrecht zu hören. Es werden lauter vernünftige Stimmen gewesen sein. Die Argumente sprechen eindeutig zu deren Gunsten. Die Ratschläge, die erteilt werden, sind erprobt: Du bist die erste nicht! So vielen anderen vor dir und neben dir geht es und ging es gleich! Bilde doch du dir nicht ein, etwas Besonderes zu sein! Warum willst ausgerechnet du etwas Außerordentliches haben?

Aus den Fragen werden Ratschläge. Bringe dies Leben doch lieber selbst um. Und möglichst schnell. Je länger du wartest, desto tiefer geht die Bindung. Tue es selbst, damit wenigstens darin noch Liebe liegt, damit man dir das Kind nicht noch unter Schmerzen entreißt.

So geht es weiter: Deine Hoffnung hat doch keinen Grund. Wir glauben dir, dass du es schwer hast. Wir glauben dir, dass du im Moment das Besondere siehst. Wir kennen das alle ja auch. Doch sei besonnen. Es wird sich legen. Es wird am Ende zur guten Erinnerung. Und Schmerzen, sie machen auch reich.

Weiter: Denk an die Gefährdung, die du auch für andere bist. Wir scheinen ja alle beteiligt, wenn man dieses Kind entdeckt. Denk an die Verantwortung für andere, nicht bloß an dich. Was für dich im

Vordergrund steht, das Leid um dein Kind, schlägt um in Eigensucht, mit der du nur dich selbst siehst.

Lass dieses Kind. Du wirst ja wieder Mutter. Und dann wird deine Liebe zum Kind einen anderen Weg gehen können, einen erlaubten. Einen Weg, der möglich ist. Vergeude nicht Zeit und Kraft und Leidenschaft in Gedanken und Pläne, die ohne Zukunft sind. Gib solchen Gedanken nicht Raum, sonst versinkst du noch in ihnen. Werde erwachsen. Werde stark und kämpfe auch gegen dich selbst.

Wir könnten weiterfahren. Jeder von uns kennt diese Stimmen. Sie mögen von außen her kommen oder in uns klingen. Sie sind uns vertraut. Wahrscheinlich hat die Mutter des Mose auf all diese Argumente keine Antwort gehabt. Ja! Was ihr sagt, das stimmt alles. Eine Antwort hat sie kaum, sondern bloß jenen Hinweis: »Dies Kind ist schön.« – Dies verbotene, verkehrte, unzeitige Leben – es ist schön. Und wenn ich dies Kind sehe, dann klingt es in mir, dass dieses Kind leben darf, leben soll.

Argumente der Menschen um diese Mutter, sie sind irgendwie alle verständlich. Würden wir sie in einer ähnlichen Situation nicht ebenso äußern? Nun wissen wir, dass sie bei aller Vernünftigkeit doch nicht das Letzte trafen. Die Mutter sah tiefer. Was in ihr erklang, das stieß an eine Wirklichkeit, die endlich trug und verwandelte.

Etwas anderes bleibt als Rätsel. Aber auch das mag zur Erneuerung gehören. Es ist das Schweigen Gottes. Hätte Gott nicht ... Es mag müßig sein, solche Fragen zu stellen. Aber ich stelle sie doch, um selbst dem Rätsel, das mir dahinter erscheint, standzuhalten: Hätte Gott nicht dieser Mutter in der Schwangerschaft ein Wort, eine Begegnung geben können? Etwas also, das ihre Gewissheit gestärkt hätte? Warum hat Gott dieser Frau nur ihr »Sehen« geschenkt, das doch so vieldeutig bleibt und den Verdacht nicht zurückweisen kann, bloß das zu sehen, was im eigenen Herzen an Wünschen und Hoffnungen wohnt?

Ich denke weiter, über die Geschichte hinaus. Was erfuhr denn die Mutter von ihrem Sohn? Wir wissen nicht, wie alt sie geworden ist. Sie hatte eine kurze Zeit zusammen mit ihm. Sie wird seinen

Weg am Hof des Pharao für einige Zeit verfolgt haben, aus der Distanz. Als er vierzig war, musste er überstürzt Abschied nehmen, um für vierzig Jahre ins Exil zu gehen. Nichts während dieser achtzig Jahre deutet auf das hin, was Gott mit ihm vorhat. Und niemand ahnte, was dann geschehen wird.

Die Perspektive der Mutter mag davon geprägt sein: ein Kind, das man nicht in seiner Nähe haben darf; ein Mann, der Karriere macht, aber darum auf Distanz bleiben muss; ein Mann, der zum Totschläger wird und darum fliehen muss ... War es das, was sie »sah«, als dieser Knabe zur Welt kam? Wo war jene »Schönheit«, die sie in diesem Leben erblickte, die ihr entgegengeleuchtet hat? Die Mutter wird gestorben sein, ohne jenes »Mehr«, das Gott danach in die Wege leitete, zu erfahren oder wenigstens ein Zeichen dafür zu entdecken. Nicht einmal das wissen wir, ob sie an ihrem »Sehen«, das ihr geschenkt worden war, festhalten konnte. Hat sie es am Ende preisgegeben? Wir wissen aus der großartigen und gleichzeitig erschreckenden Lebensgeschichte dieses Mannes nur das eine: Seine Mutter hatte richtig gesehen. Die Schönheit, die für sie über dem Kind lag, wies geheimnisvoll auf das Große, das da werden würde. Wir wissen es. Wir sind der Mutter dankbar, dass sie daran festhielt: an ihrer Wahrnehmung – gegen alle Argumente. *Wahrnehmung ist stärker als Denken, weil sie der Wirklichkeit näher ist.* Das eine wissen wir: Diese Wirklichkeit trug! Mose erhielt seine »Schönheit«, seinen Dienst Gottes, mit achtzig Jahren. Vierzig Jahre in Ägypten, vierzig Jahre im Exil. Gottes Ruf zu einer Zeit, in der Leben schon zu Ende geht. Warum schwieg Gott jetzt darüber? Ich verstehe es nicht. Muss ich es verstehen?

Zur Frage wird das an uns. Welche Rolle spielt in unserem Leben jenes »Sehen« der Schönheit, die von Gott her da und dort uns entgegenleuchtet? Kennen Sie das, dass Ihnen in einer Begegnung etwas von Gott selbst nahe kommt? Mag es gar sein, dass uns Schönheit, wie bei der Mutter des Mose, dort begegnet, wo von Menschen her Verbote aufgerichtet sind? In Bereichen, über denen wir das Unmögliche, das Verbotene, das Verdrängte, das Zweifelhafte oder gar das Eigensüchtige sehen? Und dann? Die Argumente sind klar und sprechen sich aus für das Normale. Doch die Wahrnehmung bleibt! Welches Gewicht hat die Wirklichkeit, die sich solchem Wahrnehmen öffnet, gegenüber unserem Denken? Und was endlich, wenn Gott zu solchem Sehen uns aufschließt, aber die Argumente verweigert? Was, wenn unser Empfinden klar bleibt, während unser Denken verwirrt wird? Man kann auf eine tiefe Weise »wissen«, ohne mit dem Verstand zu verstehen. Wonach richtet sich unser Handeln?

5. Die Krise: Erfahrung der Grenzen

Es ist, als ob sich diese junge Frau mit dem, was ihr in ihrem Kind entgegenleuchtete, innerlich eins gemacht hat. Auch das sollte uns aufmerken lassen. Wir meinen, wir könnten unseren Willen einen mit unserem Denken. Das tut diese Frau offensichtlich nicht. Mag sein, dass ihr Denken, sofern sie es zugelassen hat, ganz andere Wege mit ihr gegangen ist: vernünftige Wege. Aber diese Frau eint ihren Willen mit dem, was sie sieht, was sie wahrnimmt. Und darin liegt ihre Kraft, die so voll ist von natürlichem Leben. Wir mögen das instinkthaft nennen und belächeln. Wir könnten es auch natürlich nennen, ursprünglich, dem Leben in seiner Wirklichkeit und seinen eigenen Gesetzen verbunden. Es ist gut, was hier geschieht!

So kann diese Frau nun auch in die Krise treten, ohne wirklich zu zittern. Was da an verbotenem Leben heranwächst, das lässt sich nicht länger verbergen. »Da sie ihn nicht länger verbergen konnte …« Der gefürchtete und doch voraussehbare Moment kommt nun. Die Stimmen von außen und auch ihr Echo im Inneren klingen zusammen: Das ist das Ende! Das Urteil ist klar. Es ist das Ende eines Traumes. Er war so schön. Doch: Hätte sie ihn lieber gar nie geträumt, ihn nie gekostet? Ist es nun nicht viel schwerer?

Solche Gedanken blicken zurück. Was hätte ich tun sollen, als … Was wäre anders gekommen, wenn … Und wieder sind wir bei jenem Unterschied: Gedanken und Argumente auf der einen Seite, Wahrnehmung und Handeln auf der anderen Seite. Die Frau denkt offensichtlich nicht zurück, sondern richtet sich entschlossen aus nach vorne, auf das, was jetzt kommt, was jetzt ganz elementar nötig ist. Sie »plant« die Rettung.

Welche Alternativen hätte sie gehabt? Es kommen zwei in Frage. Sie hätte sich auf den Kampf einstellen können. Was muss ich tun, wenn sie kommen, um mir dies Kind zu nehmen? Wie kämpfe ich um ein Leben, das mir wichtig und wahrhaft berechtigt erscheint? Kampf also! Das Gegenteil davon wäre die Resignation. Alles aufgeben, innerlich einstimmen in das Urteil der Aussichtslosigkeit. Selbstmitleid ist damit verbunden, Versinken im Schmerz. Der Gedanke an Heldenhaftigkeit, wie man preisgibt und loslässt, um sich, im Schmerz noch, über andere zu erheben? Wie oft geht das Denken diesen Weg: Kampf oder Resignation! Resignation oder Kampf? Was bleibt denn anderes übrig? Wer im Denken bleibt, der sieht keinen anderen Weg.

Die Stärke dieser Frau liegt darin, dass sie in diesem Moment ganz einfach lebt. Sie lebt unmittelbar, dem Leben zugewandt. Doch was bedeutet das? Ich will nicht dem Fehler verfallen, über diese Frau nachzudenken. Es würde nicht weit führen und steht mir wohl auch nicht zu. Ich will wahrnehmen, was sie tut und wie sie es tut. Drei Aspekte sind es, die mir auffallen. Diese Frau hält an dem, was sie geschaut hat, fest. Sie plant. Und sie lässt los.

Nun wird es doch interessant, auch für das Denken, dem ich nicht wehren kann. An die Stelle der Alternative zwischen Kampf und Resignation tritt eine andere: Festhalten, Planen und Loslassen. Und doch stimmt das so nicht. Kampf und Resignation sind echte Alternativen. Entweder ich kämpfe um dieses Leben, um es mit eigener Macht durchzusetzen ... Oder ich resigniere und lasse mir nehmen, was ich nicht halten kann ... Festhalten, Planung und Loslassen dagegen scheinen seltsam verbunden. Wir werden es sehen.

Aber soviel schon hier: Die Krise der Erneuerung führt zu einem neuen Modell. Festhalten an der Hoffnung, menschliche Planung und die Erwartung, dass Gott das durchhält, was er tun will, scheinen sich auch bei uns oft gegenseitig auszuschließen. Der Satz scheint einleuchtend: Wenn Gott es so will, dann wird es ohnehin kommen. Das ist ein heidnischer Satz, kein biblischer. Gott schenkt Träume, schenkt ein »Sehen« – und hält das, was er auf diese Weise zeigt, durch. Er hält es aber durch, indem Menschen dieses Sehen, diese Träume für sich ergreifen und ihrerseits daran festhalten. Gott hält durch, aber er tut es zusammen mit den Menschen, die er etwas »sehen« lässt; nicht gegen sie, nicht ohne sie. Was Gott zeigt, wird wirklich! Aber es wird wirklich, wenn Menschen es ergreifen und darauf eingehen, sich selbst wagen auf diese Schau hin, die ihnen von Gott entgegenkommt.

6. Der Weg: Festhalten, planen und loslassen

All das tritt uns nun in der Erzählung, die plötzlich breiter, ausführlicher wird und Details mitteilt, entgegen. Viel Vorsicht, viel Planung, ja, Schlauheit sind da im Spiel. Man darf sich den Blick darauf ja nicht verstellen.

Und damit stehen wir vor einem merkwürdigen Umstand, der uns nachdenklich machen muss. Gott ist es, der diese Frau sehen lässt, welche Schönheit über dem Kind steht. Er aber wird diese Schönheit dadurch durchhalten und bewahren, indem die Frau auf ihr Sehen auch eingeht und entsprechend handelt. Sie nimmt diese Herausforderung an. Sie lässt ihre innere Gewissheit nicht fahren. Sie hält in einer seltsam glaubenden Hartnäckigkeit daran fest: »Du, Herr, hast mir etwas gezeigt, mich etwas schauen lassen. Und dabei bleibe ich!« Und nun plant sie. Doch ihr Planen hat Sinn, weil nun Gott seinerseits auf menschliches Planen eingeht und es aufnimmt in seinen Plan. Und in allem Festhalten und in allem Planen muss die Frau endlich doch loslassen: hinein in Gottes eigene Hände.

Das Planen der Frau hat zwei Seiten. Einerseits plant sie den Schutz des Kindes: ein Kästlein, verklebt mit Pech ... Alle Vorsichtsmaßnahmen sind getroffen.

Dazu kommt ein hohes Maß an menschlicher, gefühlsmäßiger Kalkulation. Sie weiß offensichtlich, wann die Tochter des Pharao zum Baden kommt. Sie rechnet auch mit dem Mitleid dieser Frau. Sie mag sogar das Weinen des Kindes einberechnet haben, so wie sie die Tochter ausschickt, um nach dem Ergehen des Kindes zu sehen und der Tochter des Pharao den Vorschlag zu unterbreiten, die Mutter als Amme zu engagieren.

Und doch ist das nicht alles. Die Mutter gibt gerade in solcher Planung dieses Kind auch Preis. Betend, so vermuten wir, wird das geschehen sein. In Gottes Hände gelegt. Nicht anders. So wird Preisgabe verlangt. Preisgabe und Planung erweisen sich hier nicht als Gegensatz. Sie sind Einheit, aufeinander bezogen. Ist das Glauben? Menschliche Planung, die frei bleibt von Sicherheit? Preisgabe in Gottes Hände, hinter der menschliches Planen steht? Loslassen im Glauben, hinter dem die Organisation der menschlichen Möglichkeiten steht. Vorbereitung menschlicher Wege, die dennoch preisgegeben werden hinein in Gottes Hände. Verbindung – nicht Gegensatz. Ist das Glauben? Es war der Glaube der Mutter. Es war der Weg, der zur Erneuerung führte. Es war der Anfang des Weges, an dessen Ende die Erlösung Israels aus der Knechtschaft stand.

Noch ein Wort zur Preisgabe. Wir haben das sehr ernsthaft zu verstehen, auch für uns selbst. Preisgabe kann kein Spiel sein, keine äußere Formel. Was von Gott her erschaut war, was aus seinen Händen empfangen wurde und im Leben sein Echo fand, das wird nun zurückgelegt in eben diese Hände. Und die eigene Planung? Sie ist gut, sie ist berechtigt. Aber auch sie wird losgelassen, entlassen in Gott hinein. Und nur aus Gottes Händen kann sie wieder zu uns zurückfinden. Verstehen wir das nur recht. Nicht nur das Eigene gehört in Gottes Hände gelegt, sondern ebenso das, was Gott gezeigt und geschenkt hat. Wenn es von ihm kam, dann wird es zurückgegeben werden. Nur die Hände der Menschen, die sich über der Gabe Gottes nicht schließen, werden Gottes Gaben bewahren. Hände, die offen bleiben und die Gott auch entleeren kann, die wird er füllen. Nur was losgelassen wird in Gottes Hände hinein, das wird uns letztlich bewahrt. Wege Gottes – unausdenkbar.

Der Fortgang ist schnell erzählt. Die Rechnung geht offensichtlich auf. Die Tochter des Pharao findet das Kind. Das Mitleid wirkt. Die Mutter erhält das Kind zurück, ja, erhält sogar für das Stillen noch Lohn. Damit ist auch der Aufstieg des Kindes bereit. Menschlich gesehen: Karriere.

Was sah die Mutter? Sah sie unter ihrem eigenen Planen die göttliche Hand? Glauben erweist sich hier als Einheit von Planung und Preisgabe. Die Alternative zwischen Kampf und Resignation wird übersprungen, wird gesprengt. Sie allein darf uns nicht regieren, ist überholt. Leben wird bewahrt. Doch Gott, so scheint es, bewahrt nicht allein, nicht einfach so. Menschliche Planung ist mit dabei, ist darein verwoben. Oder ist sie verborgener Ausdruck dessen, was Gott selbst tut? Ist sie verborgene Folge davon, dass Gott hier bereits handelt und ein viel weiteres Ziel im Sinn hat?

7. Das Ziel: Erweiterung und Vertiefung

Nun ist es, wie wenn uns die Bibel an der Hand nimmt, um uns über die »enge« Sicht der Mutter hinauszuführen. Sie sah einen kleinen Ausschnitt: ihr eigenes Kind. Sie sah die Schönheit des Kindes. Wieviel blieb von ihr ungeschaut? Wie mag das erst bei uns sein? Wir sehen vieles, wir sehen kleine Dinge, ahnen vielleicht da oder dort Bedeutsames. Vielleicht aber unterdrücken wir es auch in der Meinung, es würde uns nicht zustehen, so »hochmütig« zu denken. Doch, was mag Gott vorhaben mit »Leben«, das er schenkt? Was mag ihm im Sinne stehen mit »Schönheit«, die er sehen lässt, die uns entgegenleuchtet gerade dort, wo Menschen, Traditionen, Gewohnheiten und Normalitäten solches Leben gar nicht zulassen, es einfach verbieten? »Schönheit«, wo sie nicht sein darf?! Die Geburt des Mose ist der Stachel im Fleisch der Normalität. Mose »durfte nicht sein«. Sein Leben war »verboten«, er war verurteilt, noch bevor er empfangen wurde. Erneuerung durch das, was nicht sein darf, nicht vorkommen kann.

Durch solche Unmöglichkeit, durch die damit verbundene Angst, durch menschliches Verbergen, betendes Preisgeben und kluges Planen hindurch geht Gott seinen Weg und bereitet sich sein Werkzeug zu. Erneuerung! Und so führt Gott in die Weite und macht Wege möglich, die menschlich nicht gangbar sind. Wie sollte ein Hebräerkind an den Königshof kommen? Wie sollten sich aufgrund unserer Möglichkeiten Wege in die Zentren der Welt öffnen? Wie sollte es uns möglich werden, den Spitzen von Politik und Wirtschaft, den Führern unserer Gesellschaft nahe zu kommen, von ihnen gehört zu werden? Wie sollte es möglich sein, dass durch unsere kleinen Initiativen Großes geschieht für die ganze Welt oder auch bloß für die kleine Umgebung, in der wir leben? Was zunächst nicht im Sinne der Mutter lag, das geschieht: geboren aus ihrer Angst und ihrem Sehen.

8. Die Zeit: Brachzeit und Aktivität

Vergegenwärtigen wir uns das Verhältnis dieses Anfangs zu dem, was wir sonst vom Leben des Mose wissen. Der Anfang trägt wunderhafte Züge. Wohin hat er geführt? Wir wissen von vierzig Jahren am Königshof, ohne dass uns diese Zeit irgendwie greifbar wird. Äußerlich sicher gefüllte Zeit. Vorbereitung, ohne dass zunächst sichtbar wird, wozu. Dann mit vierzig Jahren der Umbruch. Ausbruch von Leidenschaft, eine unbedachte Tat, Flucht. Und weit weg in einem fremden Land Neubeginn. Wechsel vom Königspalast ins Hirtenzelt. Den ersten vierzig Jahren schließen sich weitere vierzig Jahre an: Wüste. Es werden achtzig Jahre, ohne dass Ziel und Bestimmung sich ankündigen oder gar aufleuchten. Brachzeit! Was die Mutter bei der Geburt sah, die »Schönheit«, die in diesem Kind aufleuchtete, scheint verblasst. Sie findet ihre Gestalt in dem Ruf, der den Achtzigjährigen in der Wüste einholt. Welche Spannungen liegen in diesem Leben und auf all den Beteiligten, die mit ihm verbunden sind. Was wurde da getragen, was alles ausgehalten?! Vor allem: Es wurde das Warten gelernt. Menschen fügten sich in Gottes Zeit. An die Stelle des schnellen Zugriffes tritt die Preisgabe in Gottes Hände. An die Stelle der Beweglichkeit von Ort zu Ort tritt zunächst das enge Kästchen, mitten im Schilf, in höchster Ausgesetztheit; tritt endlich die Flucht an den fremden Ort, den man selbst nicht gewählt hätte. An die Stelle der schnellen Befriedigung der Bedürfnisse tritt das Warten, bis Gott zubereitet hat. Von »instant« keine Spur. Gerade so: Wege der Erneuerung, in denen Großes liegt. Davon leben wir in Wahrheit, ob wir es wissen oder nicht.

X. Die Frage nach dem Loslassen im Glauben

»Das Gebet der Mutter des Mose« (nach 2. Mose 2,1–4)

Leben:
Leben aus Leben
mir selbst zunächst verborgen.

In meinem Inneren wuchs es heran.
Lange Zeit nahm ich‘s nicht wahr,
erlaubte mir selbst nicht, genauer zu sehen.

Leben? Ja!
Und sofort die Angst:
Wird es Leben, das verboten ist, das sterben muss?

Leben:
Erhofft und erbangt,
erbeten und auch getragen,
genährt und endlich geboren
unter Schmerzen – zum Nichts?
Leben – zum Nichts?

Leben?
Daneben die Hoffnung:
Ist es Leben, das leben darf?
Leben – zum Leben?

Angst und Hoffnung.
Hoffnung – und Angst!
Hoffnung! – Auch Angst?
Angst!

Neun Monate,
das sind Tage und Nächte:
das ist Erwachen am Morgen;
das ist Suche nach Schlaf am Abend;
das sind Verzweiflung und Hoffnung;
das ist Gespräch, es ist Schweigen. Verschweigen;
das ist Denken und ist auch Verdrängen;
das ist Wut, ist Getröstetsein.
Tage und Nächte voll Angst:
Ist‘s Leben – zum Leben?
Ist‘s Leben – zum Nichts?

Und dann:
Es kommt zur Welt.
Es ist lebendiges Leben.
Es darf nicht sein.

»Aber sie sah, dass er schön war ...«

Zu sehen
ist seine Schönheit! Aber:
Kein Wort, Gott, kein Hinweis von dir.
Kein Wort auch von Menschen. Kein Rat.
Kein Wort von Verheißung, von Hoffnung, Gewissheit.
Nur dies: Hinsehen und darin erkennen,
»... dass er schön war.«

Kann das genug sein,
wo alles dagegen steht?
Das offizielle Verbot, es ist klar.

Die Erfahrungen anderer, sie sind klar.
Die Stimme der Vernunft, sie ist klar.
Die Erziehung? Eindeutig klar!
Was gibt es zu rätseln?
Alles ist deutlich.
So hat es zu sein!

Dagegen?
Nur jenes »Sehen«.
Wer sieht hier? Was?
Und mit welchen Augen?
Sind es Augen der Einbildung?
Sind es Augen des Eigensinnes gar?
Augen der Träume des eigenen Herzens?
Augen verdrängter Bedürfnisse auf falschen Wegen?
Oder: Wirklich von Gott erleuchtete Augen?
Augen, mit denen Gott selber sieht?
Augen, die zu sehen vermögen,
wie Gott selber sehen will?
Augen also,
durch die Gott sich ersieht,
was ihm gehört, was ihm dient?

»Sie sah, dass er schön war ...«
»... und verbarg ihn drei Monate lang.«

Herr,
das ist möglich:
Was Menschen verurteilen,
das will ich verbergen, eine Zeitlang,
damit es zu leben beginnt.
Es muss sich ja weisen:
Kommt dieses Leben
wirklich von dir?

Zunächst also
Zeiten der Prüfung.
Erstes Verbergen. Behutsam.
Ein erstes und staunend' Entdecken:
Kann das, ja, darf das denn sein?
Freude und zaghafter Jubel.
Lebendige Schönheit!

Doch menschliches Verbergen hat Grenzen:
»Da sie es nicht länger verbergen konnte ...«

Was bleibt denn an möglichen Wegen nun offen?
Verzicht? – hieße Zulassung des Mordes!
Menschlicher Kampf? – aussichtslos!
Beides führt in Verzweiflung.
So nicht?
Nicht!

Daneben werden die Stimmen
zunehmend lauter:

Du!
Die erste?
Die einzige?
Du bist die erste nicht!
Andere erlitten doch Gleiches.
Selbstmitleid hilft nicht weiter. Es geht nicht anders.
Bring selbst dies Leben um,
bevor man es mit Gewalt von dir trennt.
Hochmut wär‘ es, zu meinen,
du seist etwas Besonderes mit dieser Not.
Gefährdung anderer nimmst du leichthin in Kauf.
Sie büßen alle, sobald man dich überrascht.
Gib deine Träume doch Preis.
Werde bescheiden.

Sei demütig.
Beug dich.
Du!

All diese Einwände:
Sie haben doch recht!
Keine Antwort darauf!
Sie haben recht!

Und doch:
»Dies Kind ist schön.«

Herr,
einmal schon
hab ich dies Leben ausgesetzt:
hinein in deine Hände – zu sehen,
ob es leben darf.
Neun Monate!

Was in jener Zeit geschah, heranwuchs:
»Ich sah, dass er schön war ...«
Es hat mich verändert,
tiefer, als ich damals geahnt.
Und es will leben.
Es darf doch,
glaube ich,
leben vor dir!
Und nun?

Und nun?
Was bleibt an möglichen Wegen noch offen?
Es steht nur der Verzicht,
nur Zulassen des Mordes
an diesem Kind vor mir.

Was noch?
Menschlicher Kampf?
Aussichtslos!

Und nun?

Warum denn nicht loslassen?
Warum nicht aussetzen – ins Kästchen, ins Schilf?
Warum denn nicht zusehen, ob du noch Wege kennst?
Warum denn nicht loslassen in deine gute Hand?
Unausdenkbar: Du hast einen Weg zum Leben
jenseits vorstellbarer menschlicher Wege.
Du hast, vielleicht, einen dritten Weg.

Hast du Wege, Gott?
Nicht menschliche Wege!
Gibt es unausdenkbare Wege?
Hast du dritte Wege?
Gangbare Wege?
Gangbar ins Leben,
lebendig, wahrhaftig vor dir?

Eines, das weiß ich:
Was von dir kommt,
wo auch in deinen Augen Schönheit erklingt,
das muss nimmermehr sterben.
Das trägst du hindurch.
Du trägst auch dann noch,
wenn ich
den Weg nicht mehr sehe.
Du!

Menschlich zu kämpfen vermag ich ja nicht,
kann nicht die Waffen ergreifen,
dies Kind zu verteidigen.
Doch sollt‘ ich das alles nun einfach lassen,
hingeben ins Sterben,
was zum Leben kam,
was ich von dir empfing?

Dies eine, dies will ich:
Loslassen und aussetzen!

Loslassen:
hinein in das Leben
auf unbekanntem Weg
und dennoch bangend gewiss,
dass du zu bergen vermagst,
einbergen bei dir.

Aussetzen:
hinein in deine behutsamen Hände,
damit du es nun trägst und es führst.
Aussetzen – nicht in andere Hände
als nur in die deinen allein.
Denn die werden bergend bewahren,
was von dir kam:
All jenes, was gut ist und wahr ist.
Du!

Ich glaub es dir, Herr:
Dies Kind, es darf leben.
Es soll und wird leben auf Wegen,
die ich noch nicht weiß.
Was tut's?

Menschliche Wege
wären noch möglich:
Zulassung des Mordes!

Leidenschaftlich kämpfen!
Verzicht würde Spannungen lösen!
Aber loslassen, aussetzen
und aussehen nach dir;
wie du es nun tust,
das mag doch dringen
bis in dein Herz!

Nun lass ich es los.
Nun setz ich es aus.
Nun birg du es ein.
Bewahre es du.

Lass leben, Herr!
Was von dir kommt,
lass bitte leben vor dir.
Dir!

Quellenhinweise

I *Die Frage nach dem Wagnis im Glauben*
Unveröffentlicht. Inzwischen hat der Text ein vielfältiges und überraschend lebendiges Echo gefunden. So wurde er von Harald Demmer für Sprecher und zwei Percussionisten komponiert und verschiedentlich in Wien aufgeführt

II. *Die Frage nach dem Vater, dem Gott der Liebe*
Predigt am Bernfest der Evangelischen Gesellschaft des Kantons Bern, 30. August 1992 (als Nachschrift veröffentlicht – überarbeitet)

III. *Die Frage nach dem rechten Umgang mit Gott*
Theologische Beiträge, 16. Jahrgang 1985, Heft 1 (überarbeitet)

IV. *Die Frage nach der Fremdheit Gottes*
PORTA 36, Sommer 1985 (überarbeitet)

V. *Die Frage nach dem Leid der Welt*
Hörsaalvortrag, Universität Fribourg, 30. November 1992 und Bern, 6. Juni 1993 (überarbeitet und leicht erweitert). Unveröffentlicht

VI. *Die Frage nach dem Wunder*
Erster Teil eines Vortrages, gehalten bei der SMD-Arbeitsgemeinschaft Christlicher Mediziner am 3. Februar 1989 in Mauloff/Taunus. Nach einer Tonbandnachschrift veröffentlicht in: SMD-Contact 44 (1989). Überarbeitet und erweitert

VII. *Die Frage nach Gottes Trost*
Aus Gedanken und Entwürfen zu einem Beerdigungsgottesdienst in der Kirchgemeinde Meisterschwanden-Fahrwangen. Unveröffentlicht

VIII. *Die Frage nach der Ungerechtigkeit in unserer Welt*
Vortrag, erstmals gehalten am Freundestreffen des Vereins Lehrerbibeltagung Aeschi, Burgdorf, Mai 1992. Veröffentlicht in: Hans Dürr/Christoph Ramstein, Basileia – Festschrift für Eduard Buess, Basel 1993

IX. *Die Frage nach der Erneuerung*
Unveröffentlicht

X. *Die Frage nach dem Loslassen im Glauben*
Unveröffentlicht

Zum Autor

Wolfgang J. Bittner, geboren 1947 in Graz, Dr. theol., ist Studienleiter der Fritz Blanke Gesellschaft, Zürich, und Beauftragter für Spiritualität der Evangelischen Kirche Berlin-Brandenburg-schlesische Oberlausitz. Daneben arbeitet er freiberuflich als Lehrbeauftragter für christliche Spiritualität an der Freien Universität Berlin sowie als Publizist, Referent und Meditationsleiter in der Schweiz und in Deutschland. Er ist Mitglied der evangelischen Geschwisterschaft Koinonia und lebt mit seiner Frau, der Pfarrerin Ulrike Bittner, in Eisenhüttenstadt.
www.wolfgang-bittner.net

Veröffentlichungen (Auswahl)

Bittner, Wolfgang J. (Hrsg.) und Blumhardt, Christoph: *... damit Gott kommt. Gedanken aus dem Reich Gottes.* 240 Seiten, Ernst Franz, Metzingen 1992/Neufeld, Schwarzenfeld 2006

Bittner, Wolfgang J.: *Alles spricht dafür! Mit Gott leben, reifen, vorwärts gehen.* Paráklesis, Band 10. 188 Seiten, Ernst Franz, Metzingen 2005/Neufeld, Schwarzenfeld 2006

Bittner, Wolfgang J. (Hrsg.) und Blumhardt, Johann Christoph: *Ausgewählte Schriften: Band 1: Schriftauslegung, Band 2: Verkündigung, Band 3: Seelsorge – Glaubensfragen, Briefe, Gebete, Lieder.* 1.072 Seiten, Ernst Franz, Metzingen ^{2}1991/Neufeld, Schwarzenfeld 2006

Bittner, Ulrike und Wolfgang J.: *Ich suche mich in deinen Spuren. Meine Lebensplanung und Gottes Geschichte.* ca. 160 Seiten, Aussaat, Neukirchen-Vluyn 2007

Bittner, Wolfgang J.: *Kirche – das sind wir. Von der Betreuungs- zur Beteiligungskirche.* Paráklesis, Band 6. 126 Seiten, Aussaat, Neukirchen-Vluyn ^{3}2006

Bittner, Wolfgang J.: *Kirche – wo bist du? Plädoyer für das Kirche-Sein unserer Kirche.* 166 Seiten, Theologischer Verlag Zürich, Zürich ^{2}1995

Paráklesis – Schriften zum geistlichen Leben in der Kirche

Herausgegeben im Auftrag der Evangelischen Communität
und Geschwisterschaft Koinonia
von Barbara Schurig und Wolfgang Kubik in Verbindung mit
Wolfgang J. Bittner, Gerlinde Breithaupt und Sabine Friebolin

Paráklesis ist ein Schlüsselbegriff des Neuen Testamentes, besonders des Apostels Paulus. Er bedeutet sowohl Ermutigung und Trost als auch Ansprechen, Ermahnung und Herausforderung. *Paráklesis* wurde auch zum Schlüsselbegriff für die Arbeit der Evangelischen Communität und Geschwisterschaft Koinonia mit Menschen, die nach geistlicher Wegweisung suchen.

Paráklesis ist zugleich eine Schriftenreihe, die in loser Folge Themen der Seelsorge, des geistlichen Lebens und der missionarischen Kommunikation behandelt. Außerdem setzt sie sich mit Fragestellungen der Gegenwart auseinander.

Die bisher erschienenen Bücher sind im Buchhandel oder direkt bei der Geschäftsstelle der Koinonia (hier gibt es auch ein Literaturverzeichnis) erhältlich:

Communität und Geschwisterschaft Koinonia
Bürgerstraße 24 • 37073 Göttingen
Telefon 05 51/7 70 13 68 • www.koinonia-online.de